Monika Gruhl

Das Geheimnis starker Menschen

W0087361

Monika Gruhl

Das Geheimnis starker Menschen

Mit Resilienz aus der Überforderungsfalle

KREUZ

© KREUZ VERLAG
in der Verlag Herder GmbH, Freiburg im Breisgau 2011
Alle Rechte vorbehalten
www.kreuz-verlag.de

Umschlaggestaltung: [rincon]² medien gmbh, Köln
Umschlagfoto: © shutterstock
Autorenfoto: © privat

Satz: de·te·pe, Aalen
Herstellung: fgb · freiburger graphische betriebe
www.fgb.de

Gedruckt auf umweltfreundlichem, chlorfrei gebleichtem Papier
Printed in Germany

ISBN 978-3-451-61062-2

Inhalt

Einleitung

*Das, was du bist, hängt von drei Faktoren
ab – von deinem Erbe, von deiner Umgebung
und davon, was du in freier Wahl aus deinem
Erbe und deiner Umgebung gemacht hast.*
Aldous Huxley

Sind Sie für andere da? Finden Sie sich häufig in der Rolle
desjenigen, der Menschen in seinem Umfeld unterstützt,
führt oder inspiriert? Dann haben Sie mindestens einen Aspekt von RESILIENZ gut ausgeprägt. Resilienz ist die
innere Stärke, die Menschen aufbringen, um mit widrigen Lebensumständen oder Schicksalsschlägen umzugehen.
Und zwar so umzugehen, dass sie diese Schwierigkeiten
nicht nur irgendwie überstehen, sondern durch ihre Überwindung gestärkt und bereichert werden. Dazu setzen sie
ganz bestimmte Strategien ein, wie wir aus vielen wissenschaftlichen Untersuchungen wissen. Eine dieser wirksamen Strategien gegen Probleme, Stress und ungünstige Vorkommnisse ist es, in Verbundenheit zu anderen Menschen
zu leben, sich mitzuteilen und auf andere einzugehen.

Wenn Sie sich um andere kümmern, kann das auch Sie
selbst stärken und bereichern. Tun Sie das jedoch, weil
Sie sich durch die Umgebung dazu genötigt sehen, weil
Sie andere dominieren oder erobern wollen oder auf diese
Weise ein schlechtes Gewissen beruhigen wollen, bleibt
dieser Effekt aus. Voraussetzung für die segensreiche Rück-

wirkung ist, dass Sie aus freiem Herzen handeln und ohne dass die Menschen auf der anderen Seite Ihnen dafür etwas schuldig sind. Anderen etwas Gutes tun, sie ermutigen oder aufmuntern und einen wenigstens kleinen positiven Unterschied in ihrem Leben zu bewirken macht uns selbst glücklich und stolz und schenkt uns Energie. Wovon wir dabei zehren, ist die Erfahrung, nicht allein auf der Welt zu sein, Verbundenheit mit anderen Menschen zu spüren und im Zusammenwirken zu etwas Größerem beizutragen. Für diese beseelende Erfahrung ist es zweitrangig, auf welcher Seite ich gerade stehe, ob ich nehme oder gebe – das tiefe Gefühl von Verbundenheit strahlt auf alle Beteiligten, die sich ihm überlassen.

Angesichts der steigenden Anforderungen und Belastungen hört man in unserer Gesellschaft häufig warnende Stimmen. Man müsse lernen sich abzugrenzen, man sei in Gefahr sich zu verströmen und lande letztlich im Burn-out, wenn man sich zu viel um andere kümmert. Diese Gefahr ist nicht von der Hand zu weisen. Sie entsteht jedoch nicht, indem Sie sich um andere Menschen kümmern. Sie entsteht, indem Sie sich dabei selbst vergessen, also nicht selbst bestimmen und steuern, was Sie in welchem Umfang übernehmen können und wollen. Gelingt Ihnen jedoch dieser Balanceakt, erleichtern und verschönen Sie im vertrauensvollen Kontakt mit anderen Menschen und Ihrem Einsatz für sie nicht nur deren Leben. Sie gewinnen gleichzeitig selbst dabei Lebensfreude, Dankbarkeit und Sinnhaftigkeit. Das Resilienzmodell zeigt anschaulich, welche Aspekte dafür zu berücksichtigen und zu integrieren sind.

Was die einzelnen Resilienzaspekte für die bedeuten, die einen großen Teil ihrer Kraft anderen Menschen zukommen lassen, davon handelt dieses Buch. Es ist entstanden vor dem Hintergrund meiner Arbeit in Training und Coaching mit unterschiedlichsten Berufsgruppen und Freiwilligen. Es fließen Geschichten und Fragestellungen vieler Teilnehmer mit ein, doch beschreiben die Fallbeispiele keine real existierenden Personen. Sie sind aus vielen in der Wirklichkeit vorhandenen Facetten zusammengesetzt und damit gleichzeitig fiktiv und authentisch. Liebe Leserinnen, bitte fühlen Sie sich auch angesprochen, wenn ich nur die männliche Form verwende. Der einzige Grund dafür ist die bessere Lesbarkeit und sprachliche Einheitlichkeit.

Im letzten Jahr habe ich den spirituellen Autor Pierre Stutz erlebt, einige seiner Bücher gelesen und darin vieles entdeckt, was ich Ihnen weitergeben wollte. Eine persönliche Erfahrung hat mir dann deutlich gemacht, dass diese Herangehensweise bei aller Wertschätzung für seine Gedanken doch an der Oberfläche bleibt. Als Folge eines Sturzes konnte ich unmöglich das Arbeitspensum an Lesen und Schreiben erfüllen, das ich mir für das lange freie Pfingstwochenende vorgenommen hatte. Der Schreck saß mir noch in den Gliedern, die Schmerzen waren zeitweise heftig, und ich haderte damit, dass ich nicht vorankam. Ich brauchte meine Zeit, um zu verstehen, dass das, wozu ich nun gezwungen war, genau die angemessene Art und Weise war, mit den Texten von Pierre Stutz umzugehen: Ich konnte nur wenige Sätze lesen, dann schmerzte die Brille auf der geprellten Nase. An Schreiben war wegen des verstauchten Handgelenks gar nicht zu denken. Mir blieb nichts anderes übrig, als die kurzen gelesenen Abschnitte immer wieder in meinem Geist und meinem Herzen zu bewegen. Doch so bekam ich einen ganz anderen Zugang zu diesen Texten. Mir wurde klar, was es für einen Unterschied macht, sie nicht nur zu konsumieren, sondern sie wirklich in mir aufzunehmen.

Diese zunächst unfreiwillige Erfahrung hat mich verstehen lassen, dass ich geistreiche Gedanken und Worte immer wieder meditieren kann und muss, um sie zu erfassen und zu verinnerlichen. Auch das Thema dieses Buches ist eng verknüpft mit eigenem Erleben: Ich kenne es sehr gut, mich zu überfordern. Die beschriebenen Muster im Denken und Tun sind mir vertraut, manche weniger, manche mehr. Ich weiß also auch aus eigener schmerzlicher Erfahrung, wovon ich rede. Deshalb wage ich darauf zu vertrauen, dass es nicht überheblich oder besserwisserisch daherkommt, wenn ich Ihnen diese Einsichten und Überlegungen nahebringe. Sie werden selbst entscheiden, was Sie damit anfangen. An dieser Stelle bedanke ich mich bei allen, die ihre Erfahrungen teilen und mitteilen, Seminarteilnehmer und Coaching-Klienten, Kollegen, Bekannte und Freunde. Sie alle tragen dazu bei, dass mir immer wieder Neues begegnet, das ich aufnehmen, verwandeln und weitergeben kann.

Ich wünsche Ihnen Gefallen daran zu entdecken, wo und wie Sie für sich gut sorgen können, ohne zum vereinsamten Einzelgänger oder rücksichtslosen Egoisten zu werden. Und ich wünsche Ihnen Entschlusskraft und Ausdauer, das auch mit Nachhaltigkeit zu tun. Wenn Sie noch bewusster als bisher Ihre Kräfte einschätzen und lenken lernen, können Sie von Ihrem selbstverantworteten und freiwilligen Engagement für andere auch selbst profitieren. Das wiederum trägt auch dazu bei, dass Sie in Ihrem Einsatz nicht erschöpft werden, ihn nicht als lästige Pflicht empfinden und nicht Gefahr laufen, sich über andere zu erheben. Mit einem gut ausgewogenen Resilienzprofil bekommen Sie Luft unter die Flügel, um für sich und andere segensreich zu wirken.

Monika Gruhl

1. Resilienz als zentrale Kraft im Leben

Federn lassen und dennoch schweben –
das ist das Geheimnis des Lebens.
Hilde Domin

1.1 Wirksame Lebensbewältigungsstrategien

Resilienz als Lebens- oder Überlebensstrategie in schwierigen Zeiten ist inzwischen in aller Munde. Für viele werden die Zeiten zumindest gefühlt »schlechter«. Die wenigsten Menschen können noch von regelmäßigen Gehaltserhöhungen, stetiger Verbesserung der Wohnqualität und der Möglichkeit immer anspruchsvollerer Urlaubsreisen ausgehen oder es als realistisch betrachten, darauf hinzuarbeiten. Vielen macht die Erfahrung Angst, dass die wirtschaftliche und gesellschaftliche Entwicklung nicht einfach weiter aufwärts geht. Bei anderen macht sich Unmut darüber breit, dass ihr Einfluss, ihre Sicherheit, ihre Anerkennung nicht für alle Zeiten gesichert scheinen. In dieser Gesamtsituation wächst das Interesse daran, was man tun kann, wenn althergebrachte Grundsätze und Verhaltensmuster nicht mehr greifen. Man sucht verstärkt nach etwas, das verspricht, mit solchen Veränderungen zumindest besser umgehen zu können, wenn man sie schon nicht aufhalten kann.

Resilienz scheint die Allzweckwaffe zu sein. Als Resilienz bezeichnet man all die Kräfte, die es Menschen ermöglichen, Lebenskrisen, widrige Umstände und einschneidende Veränderungen so zu meistern, dass sie ohne langfristige Beeinträchtigung damit fertig werden, ja auf lange Sicht sogar daran wachsen. In vielen wissenschaftlichen Studien ist nachgewiesen worden, dass es Stehaufmenschen[1] gibt, die über solche Fähigkeiten verfügen, die ein seelisches Immunsystem zu haben scheinen, das es ihnen ermöglicht, unbeschadet aus Verlusten, Einschränkungen, ja sogar schlimmsten Erfahrungen herauszukommen. Man hat inzwischen ziemlich gut erforscht, welche Fähigkeiten das sind, und man weiß auch, dass sie nicht nur in die Wiege gelegt sind. Man kann sie lernen und trainieren.

Menschen, die man in diesem Sinn als resilient bezeichnet, zeichnen sich durch bestimmte innere Grundhaltungen und die entsprechenden Fertigkeiten aus: Optimismus, Akzeptanz und Lösungsorientierung. Sie haben die Zuversicht, dass schwierige Lebenslagen vorübergehen. Sie sind hoffnungsvoll, dass Dinge sich zum Guten wenden können, auch wenn sie noch nicht wissen, wie. Und sie sind überzeugt von ihrem persönlichen Wert, egal was ihnen widerfährt. Auf dieser Grundlage gelingt es ihnen früher oder später, das zu akzeptieren, was sie nicht ändern können, seien es unbeeinflussbare Gegebenheiten, andere Menschen oder ungeliebte Anteile bei sich selbst. Sie sind flexibel und unkonventionell genug, um individuelle und innovative Lösungen für unterschiedliche Lebenslagen zu finden und umzusetzen.

Neben diesen drei Grundhaltungen aktivieren und nutzen sie vor allem vier Fähigkeiten oder Handlungsprinzipien.

Sie sind in der Lage, sich selbst zu regulieren, ihre Impulse unter Kontrolle zu haben und unterschiedliche Emotionen handhaben zu können. Je nach Bedarf können sie sich selbst beruhigen, ermutigen oder antreiben. Wenn ihnen Schlimmes widerfahren ist, von existenziellen Einschnitten bis hin zu kleineren Verlusten oder Enttäuschungen, verlassen sie nach angemessener Zeit die Opferrolle und übernehmen (wieder) die Verantwortung für sich und ihr zukünftiges Leben. Sie haben weder den Anspruch noch die Neigung, alles mit sich selbst abmachen zu können oder gar zu müssen. Vielmehr sind sie bereit und in der Lage, sich helfen zu lassen und nährende Beziehungen zu anderen zu knüpfen und zu unterhalten. Diese sieben Resilienzstrategien gehören teilweise zu den persönlichen Ressourcen, teilweise sind sie sozial vermittelt oder erlernt. Manche werden auch in einer akuten Situation zum ersten Mal neu ausprobiert.

Wie weit Menschen zu resilienten Reaktionen in der Lage sind oder nicht, zeigt sich sehr deutlich daran, wie sie mit kritischen Lebensereignissen umgehen. Dabei kann es sich um sogenannte kollektive Krisen wie Naturkatastrophen, Anschläge oder Kriege handeln. Es können existenzielle Einschnitte sein, die den Einzelnen treffen, wie Unfälle, Krankheiten oder schwere Verluste. Auch krisenhaft erlebte Ereignisse des persönlichen Lebens wie Wohnortwechsel, Elternschaft oder Scheidung zählen dazu. Unter unseren aktuellen Lebensbedingungen wird eine Krisenerfahrung häufig durch gravierende oder ständige Veränderungen sowie zunehmende Arbeitsverdichtung und erhöhte Belastung ausgelöst. In jedem Fall ist eine Krise eine bedeutsame Situation, in der es unausweichlich um einen selbst geht. Das Weltbild und das Selbstbild geraten aus den Fugen, eine Neuorientierung ist unumgänglich. Damit das Leben wieder ins Gleichgewicht kommt, müssen Innenleben und Außenwelt neu angepasst werden. Das verlangt, dass wir ein verändertes Verständnis für die anstehenden Themen gewinnen, sie neu durchdenken und einordnen. Wir sind gefordert, eine gereifte Beziehung zu uns und zur Welt zu entwickeln.[2] Genau darin liegen gleichzeitig auch die Chancen der Krise. Krisen sind immer auch Gelegenheiten, etwas, das vielleicht schon einige Zeit aus dem Ruder gelaufen ist, in Ordnung zu bringen oder neu zu gestalten. Ein drängendes Problem will gelöst werden oder ein vernachlässigter Aspekt des Selbst will wahrgenommen und ins Leben integriert werden. Diese Neuausrichtung ist aber nicht so leicht. Wir geben nicht so schnell auf, was sich bewährt zu haben scheint und unser (Über-)Leben sichert. Eine Krise zu meistern bedeutet aber, dass man sich im Spannungsfeld unterschiedlicher Pole neu positionieren muss. Für diese Anpassungsleistung reichen unsere üblichen automatischen Bewältigungsstrategien nicht mehr aus. Einige davon behalten wir zwar bei, einige verändern sich jedoch und andere werden neu gelernt. Die verschiedenen Resilienzaspekte beeinflussen sich gegenseitig und können sich auch noch im Verlauf des Verarbeitungsprozesses verändern. Sie alle entfalten ihre Wirkung auf unsere Wahrnehmung, unsere Orientierung und unser Verhalten. Starke Menschen behalten vor allem solche Muster bei, die ihr starkes Ich stabilisieren. Sie halten beispielsweise lange an der Überzeugung fest, alles irgendwie schaffen zu können. Wer einseitig in Richtung Stärke orientiert ist, braucht für diese Neuausrichtung also die Bereitschaft und die Fähigkeit, Schwäche zulassen zu können, damit sich eine wohltuende Balance (wieder) einstellt.

1.2 Zusammenspiel innerer und äußerer Kräfte

Sind Sie auch der Meinung, Resilienz lasse sich daran erkennen, dass Menschen sich durch nichts unterkriegen lassen, weil sie *einzelne* Fähigkeiten wie Optimismus oder Lösungsorientierung in besonderem Maße ausgeprägt haben? Das ist ein verbreitetes Missverständnis. Es legt die Vorstellung nahe, man könne Menschen in einen Zustand von Unverwundbarkeit bringen, der sie in die Lage versetzt, jederzeit und mühelos mit allen Unbilden zurechtzukommen.

Mit der Verbreitung der Ergebnisse der Resilienzforschung ist vor allem bei Arbeitgebern, Pädagogen und Erziehenden das Interesse daran gewachsen, wie sie anderen Menschen Resilienz vermitteln oder zumindest deren Resilienzentwicklung fördern können. In Personalabteilungen, in pädagogischen Einrichtungen wie auch in Familien will man wissen, wie man es schafft, die stark zu machen, um die es geht. Die Motive dafür sind durchaus unterschiedlich. Manche möchten, dass ihre Kinder, Schüler oder Mitarbeiter gut gerüstet sind für die Widrigkeiten des Lebens. Andere verbinden damit eher die Zielsetzung, dass die Betreffenden weniger Frust und weniger Widerstand zeigen angesichts der Erwartungen und Forderungen, die an sie gestellt werden. Durch einige Führungsetagen geistert die unzutreffende Annahme, resiliente Mitarbeiter seien per se produktiver und willfähriger. Man ist daher bereit zu Investitionen, die sie resilient oder resilienter machen, damit sie alle strukturellen Veränderungen und Einschnitte, die ihnen zugemutet werden, mittragen und klaglos das Beste daraus machen. Doch das ist ein Trugschluss. Resilienz bedeutet keineswegs widerstandslose Anpassung an Veränderungen oder Zumutungen von außen.

Resilienz beruht weder auf einzelnen stark ausgeprägten Eigenschaften noch ist sie ein statischer Zustand. Sie entsteht vielmehr im dynamischen Zusammenspiel innerer *und* äußerer Kräfte, das sich je nach Ausgangslage, Kontext und Zielsetzung immer wieder neu gestaltet und ausbalanciert. Resilienz entwickelt sich also über die Zeit in unterschiedlicher Ausprägung. Welche Haltungen und Fertigkeiten sich positiv auf Ihre Resilienz auswirken, das wandelt sich mit Ihrer individuellen Lebensgeschichte, mit dem Umfeld, in dem Sie leben, mit Ihren aktuellen Lebenssituationen. In einem akuten Moment kann es sehr sinnvoll sein, schreckliche Ereignisse zu verdrängen und nicht darüber zu sprechen. Es hilft, an den Belastungen nicht zu zerbrechen. In einer anderen Lebenssituation ist es gerade das Aussprechen und Erzählen, das dabei hilft, Bedrohliches oder Beängstigendes so zu verarbeiten, dass es für den weiteren Lebensweg heilsam ist. Ein bestimmter Schutzfaktor kann daher in einem Fall relevant und wirksam sein, in einem anderen Fall weniger oder gar nicht.[3]

Resilienz ist also ein komplexer systemischer Anpassungsprozess, der immer wieder in Gang gesetzt und durchlaufen werden muss. Resilienz ist kein eindeutiges Konzept von Ursache und Wirkung nach dem Muster »Wenn das und das gegeben ist, dann wird mit Sicherheit das und das eintreten«. Es ist vielmehr ein mehrdimensionales Wahrscheinlichkeitskonzept. Dabei wirken nicht nur die unterschiedlichen inneren Kräfte und Fähigkeiten der beteiligten Personen. Es spielt auch eine Rolle, auf welche Weise äußere Strukturen und Maßnahmen auf diese inneren Kräfte einwirken. Wenn Sie Arbeitgeber oder Führungskraft sind, ist daher die Frage »Wie werden meine Mitarbeiter resilient, damit sie meine Entscheidungen bejahen und vertreten?« nicht zielführend. Was Sie weiterbringt, sind vielmehr Fragen wie »Welche unserer Aktionen dämpfen den Optimismus der Mitarbeiter? Welche Zumutungen übersteigen ihre Bereitschaft zur Akzeptanz? Wodurch blockieren wir ihre Kreativität? Welche Maßnahmen unterstützen ein hohes Verantwortungsbewusstsein?« Häufig erreichen Sie schon eine ganze Menge, indem Sie alles unterlassen, was die Resilienz Ihrer Mitarbeiter behindert oder bremst. Gleiches gilt natürlich auch für Mitstreiter auf allen Gebieten, für Schüler, Kinder oder Patienten. Die Frage »Wie mache ich mein Kind resilient?« entspringt der Vorstellung, dass Sie diese inneren Kräfte bei anderen erzeugen können. Im Bereich Ihrer Möglichkeiten als Eltern, Erzieher, Lehrer oder Ausbilder liegt es aber lediglich, die inneren Kräfte des Kindes oder des Jugendlichen anzusprechen und zu stärken. Dafür eignen sich eher die Fragen »Wie greife ich in die Selbstregulierung des Kindes ein oder behindere sie sogar? Was kann ich hingegen tun, damit das Kind seine Fähigkeiten zur Selbstregulierung entdeckt und entwickelt?« Ein Kind, das sich langweilt, ständig zu unterhalten stärkt es keineswegs, sondern macht es abhängig vom Eingreifen des Erwachsenen. Wenn Sie Ihren pädagogischen Auftrag ernst nehmen und das Kind nicht stattdessen einfach sich selbst überlassen, könnten Sie mit dem Kind zusammen besprechen, was es selbst gegen Langeweile tun kann und tun möchte. Sie können auch mit ihm überlegen, wie es mit Langeweile zurechtkommt, ohne sie gleich wegmachen zu müssen und ohne sie an anderen auszulassen. Zudem können Sie beobachten und überlegen, wie Sie selbst es aushalten, dass das Kind sich eben auch mal langweilt. Was leiten Sie für sich daraus ab? Und wie gehen Sie selbst mit Langeweile um?

Wenn ich andere stärken will, setzt das voraus, dass ich diese erwünschten Haltungen und Handlungsweisen auch selbst pflege und zum Ausdruck bringe. Wer seine Mitarbeiter respektlos behandelt, wird es schwer haben, wenn er Akzeptanz von ihnen erwartet. Wer seinem Kind wenig Eigeninitiative zutraut und zugesteht, braucht sich über dessen fehlenden Optimismus nicht zu wundern. Und wer ständig die schlechten Zeiten oder die schwierigen Kunden beklagt, kann kaum erwarten, dass seine Mitarbeiter selbstverantwortlich und pro-aktiv auch schwierige Situationen angehen.

1.3 Resilienzprofil in Balance

Wenn wir mit Ereignissen oder Situationen konfrontiert sind, die wir nicht mit unseren üblichen »Bordmitteln« bewältigen können, sind neue Denk- und Verhaltensmuster gefragt und einzusetzen. So haben Menschen, die als resilient gelten, im Laufe ihrer persönlichen Entwicklung ihr Reaktionsrepertoire vergrößert. Nun streben Menschen aber in der Regel auch danach, Erreichtes zu sichern und bewährte Abläufe zu wiederholen. Man könnte auch sagen, solange sie mit bewährten – und damit eingeschränkten – Möglichkeiten zurechtkommen, probieren die meisten wenig Ungewohntes aus. Daraus folgt, dass wir ohne Krisen, ohne Schwierigkeiten, ohne Herausforderungen auch keine besonderen Kräfte entwickeln. Genau das, was wir als beschwerlich, leidvoll oder schlichtweg ärgerlich empfinden, ist daher ein Trainingslager für unsere inneren Kräfte.

Wir neigen dazu, Bekanntes zu wiederholen. Je besser das Alte funktioniert, umso fester prägen sich die Handlungsmuster ein. Wir bauen sozusagen Verhaltens-Autobahnen aus, auf denen wir ohne Nachdenken durchs Leben rollen. Menschen, die dazu neigen, sich auf andere zu verlassen, verfestigen dieses Verhalten, solange sich immer wieder jemand findet, der für sie die Kastanien aus dem Feuer holt. Sie verfeinern sogar – bewusst oder unbewusst – ihre Methoden, andere dazu zu bringen. So werden sie immer mehr in diesem Lösungsansatz bestätigt und werden immer besser darin, anderen die Verantwortung aufzuladen. Das Gleiche gilt natürlich für diejenigen, die die Kastanien bereitwillig aus dem Feuer holen. Sie werden immer tüchtiger darin, weil sie es ständig trainieren. Gleichzeitig denken sie immer weniger darüber nach, ob sie das überhaupt wollen und was sie letztendlich damit erreichen. So entstehen unterschiedliche Ausprägungen im Resilienzprofil. Manche setzen besonders auf ihre Kreativität und die Erfahrung, dass sie viele Ideen produzieren können. Andere sind sehr geübt und erfolgreich darin, unabänderliche Tatsachen zu konstatieren und zu akzeptieren. Wieder andere trainieren kontinuierlich ihre Fähigkeit, immer wieder Frust und Unlustgefühle beiseitezuschieben und sich stattdessen zu disziplinieren.

Da unterschiedliche Situationen aber unterschiedliche Aspekte von Resilienz erfordern, sind die am besten gerüstet, die ein möglichst ausbalanciertes Profil vorweisen, die also je nach Bedarf den einen oder anderen Aspekt hervorbringen können. So gesehen sind Menschen, die sich selbst für stark halten oder von anderen als hoch belastbar betrachtet werden, oft genauso wenig ausbalanciert wie die »Schwachen«. Denn sie verfügen oft nur über äußerst schmale Trampelpfade für Verhaltensweisen wie um Hilfe bitten, spüren und berücksichtigen, wenn sie müde oder lustlos sind, oder Grenzen setzen, auch wenn sie jemanden damit enttäuschen. Je länger und intensiver sie aber die Rolle der Starken ausfüllen, die immer noch mehr Aufgaben übernehmen und deren Kräfte unerschöpflich scheinen, desto nötiger brauchen sie gerade diese Aspekte von Resilienz und desto schwerer fällt es ihnen, sie hervorzubringen. Die Befürchtung, dass ihnen alles um die Ohren fliegt, wenn sie sich und ihren Einsatz zurücknehmen, lässt sie Entlastung und andere Wege gar nicht erst in Erwägung ziehen. Langsam aber sicher manövrieren sie sich auf diese Weise mit der Zeit in einen Zustand der Erschöpfung und der Schwäche. Dafür aber haben sie nur wenige oder gar keine wirksamen Strategien zur Verfügung. Diese ganz neu zu lernen kann dann wieder zum Kraftakt werden und am Ende professionelle Hilfe erfordern.

2. Resilienz als Stützkorsett für Schwache?

Ein Mann ist stark,
wenn er sich seine Schwäche eingesteht.
Honoré de Balzac

2.1 Starke Typen

Auf den ersten Blick scheint Resilienz ein Bündel von Kernfähigkeiten zu umfassen, das vor allem für diejenigen wichtig ist, die mit ihrem Leben zumindest vorübergehend nicht zurechtzukommen scheinen. Für Menschen, denen Schlimmes widerfährt, das sie nicht bewältigen können, die Verluste zu erleiden haben, die sie nicht kompensieren können, die immer wieder in Schwierigkeiten geraten, die körperlich oder seelisch erkranken, aggressiv oder straffällig werden. Natürlich können solche Personen sehr davon profitieren, wenn ihre inneren Kräfte gestärkt werden. Sie haben es bitter nötig, dass auch äußere Kräfte zusammenwirken an der Verbesserung ihrer Situation, an der konstruktiven Auseinandersetzung mit dem, was ihnen widerfahren ist und widerfährt, an ihrer persönlichen Stabilisierung und Entwicklung.

Es gibt verschiedene Förderprogramme auf der Grundlage des Resilienzkonzeptes, die dazu beitragen sollen, dass Kinder aus schwierigen Familienverhältnissen gestärkt werden. Für Jugendliche, die aus dem üblichen gesellschaftlichen Rahmen fallen, werden Maßnahmen entwickelt, wie sie durch Bildung und Begleitung realistische optimistische Perspektiven entwickeln und verfolgen können. Für Erwachsene, die aus unterschiedlichen Gründen als nicht sehr belastbar gelten, gibt es Projekte, damit sie im Arbeitsprozess Unterstützung erfahren in Form von Hilfen zur Wiedereingliederung, Anpassung an veränderte Bedingungen oder Neuorientierung in ihrer beruflichen und privaten Situation. Auch im privaten Bereich werden Einzelpersonen und auch ganze Systeme, die schwierig oder in Schwierigkeiten sind, gestützt, manchmal über lange Zeiträume hinweg. Als Initiatoren, Begleiter, Mitstreiter an solchen Aktionen wirken häufig Menschen mit, die selbst viel von dem zu haben und zu bieten scheinen, was unter dem Sammelbegriff Resilienz beschrieben wird. Eine Menge davon lassen sie auch in die Unterstützung anderer einfließen. Sie sind Motoren und Motivatoren für andere. Sie passen sich gut auch an ständige Wechsel und Veränderungen an. Sie scheinen über nahezu unerschöpfliche Energien zu verfügen, mit denen sie das Leben für sich und die Menschen in ihrer beruflichen und privaten Umgebung managen und organisieren.

Sandra zum Beispiel tritt nicht im Zirkus auf. Doch sie jongliert gekonnt mit ihren verschiedenen Rollen und achtet seit vielen Jahren konzentriert darauf, dass kein Ball auf die Erde fällt. Sandra investiert viel Aufmerksamkeit, Energie und Herzblut in die Erziehung ihrer beiden Töchter. Als überdurchschnittlich engagierte Lehrerin gestaltet sie über ihren eigenen Unterricht hinaus das Schulleben maßgeblich mit. Ihren Lebensgefährten Enno, der als Autor und Regisseur von Theaterstücken lieber von der Hand in den Mund lebt, als künstlerische Kompromisse einzugehen, unterstützt sie emotional und finanziell. Ihren Eltern bringt sie jede Woche eine kleine Aufmerksamkeit vorbei, obwohl sie sich von ihnen ständig kritisiert fühlt. Eine starke Frau?

Ein weiteres Beispiel: Andreas ist 16, als sein Vater an Parkinson erkrankt. Damit steht in dem Handwerksbetrieb auch die Existenz der Familie auf dem Spiel. Da sein ältester Bruder bereits im Jurastudium ist, schlüpft Andreas, der eigentlich Lehrer werden will, in die Rolle des männlichen Versorgers. Er verlässt die Schule, um eine Tischlerlehre zu machen, und übernimmt nach dem Tod seines Vaters als junger Handwerksmeister die Verantwortung für den elterlichen Betrieb. Die Mutter ist erleichtert, dass Haus und Firma gerettet sind. Seiner jüngeren Schwester ermöglicht Andreas damit, eine Ausbildung nach ihren Vorstellungen zu machen. Den kleinen Handwerksbetrieb baut er mit der Zeit aus zu einem florierenden Unternehmen für maßgeschneiderte Innenausbauten. Ein starker Mann?

Ariane hat ein sehr gespanntes Verhältnis zu ihrer Mutter, die sich öfter für ein paar Tage bei ihr einlädt und die ganze Familie sehr in Anspruch nimmt. Um die Atmosphäre wenigstens für Mann und Sohn zu entlasten, beißt Ariane dann jedoch die Zähne zusammen und begegnet ihrer Mutter mit aller Freundlichkeit und Geduld, die sie aufbieten kann. Zu ihren Schwiegereltern hat sie ein herzliches Verhältnis, sie haben sie seinerzeit mit offenen Armen in ihre Familie aufgenommen. Als die Schwiegermutter ihren an Krebs erkrankten Mann nicht mehr alleine pflegen kann, bietet Ariane den beiden an, zu ihnen zu ziehen. Schnell stellt sich heraus, dass auch die Schwiegermutter selbst schon Hilfe braucht. Ariane gibt ihre Stelle als Empfangsdame in einem Wellnesscenter auf, damit sie sich kümmern kann. Ein starker Einsatz?

Haben Menschen, die zu solchen Lebensleistungen in der Lage sind, überhaupt Bedarf an (mehr) Resilienz? Können die Ergebnisse der Resilienzforschung auch für sie von Nutzen sein? Inwiefern sollten gerade sie von diesen Erkenntnissen und Erfahrungen profitieren können?

Menschen wie Sandra, Andreas und Ariane werden gemeinhin als Menschen betrachtet, die stark und belastbar sind und etwas aushalten können. Sie selbst sehen sich gar nicht unbedingt so. Sie handeln auf ihre Weise, weil sie es auf der Grundlage ihres Wertesystems so für notwendig und richtig halten. Dieses Wertesystem entsteht durch unterschiedliche Einflüsse. Es spielt eine Rolle, wie die Herkunftsfamilie uns prägt, wie weltanschauliche und gesellschaftliche Normen der Umgebung auf uns einwirken, wie wir mit unserem persönlichen Stil auf die Erwartungen anderer reagieren und nicht zuletzt, wie wir die eigenen Voraussetzungen und Lebenserfahrungen verarbeiten.

Manchmal haben zufällige Sachlagen und Konstellationen einen entscheidenden Einfluss auf die Entwicklung der Persönlichkeit und des Selbstbildes. Marina hat sehr früh gelernt, sich selbst nicht so wichtig zu nehmen. Immer hatten die Bedürfnisse ihres behinderten Bruders Vorrang. So hat sie sich daran gewöhnt, ihre Gefühle und Anliegen zurückzustellen. Andere übernehmen schon als Jugendliche oder sogar als Kind die Verantwortung eines Erwachsenen, wenn ein Elternteil schwer erkrankt, stirbt oder die Familie verlässt. Torstens Vater lässt jahrelang abfällige Bemerkungen und respektloses Verhalten seiner Schwiegerfamilie widerspruchslos über sich ergehen, weil er sich finanziell und existenziell abhängig fühlt. Torsten, der das Tag für Tag miterlebt, zieht daraus die Lehre, sich niemals in eine Lage bringen zu lassen, wo man ihn demütigen kann. Katja erlebt, wie eine herzkranke Tante ihren (vermeintlich) schwachen Zustand dazu nutzt, die ganze Familie zu tyrannisieren. Alle scheinen gegen ihre indirekten, schwer greifbaren Manipulationen machtlos zu sein. Infolgedessen besteht Katja bei ihren Freunden auf klaren Ansagen und reagiert wie gestochen auf harmlose Flunkereien und sogar auf charmante Komplimente. Andere erfahren vielleicht, wie sie selbst belogen, hintergangen oder ausgenutzt werden oder jemand, der ihnen nahesteht, und ziehen daraus die Lehre, sich nur auf sich selbst zu verlassen. Um uns zu schützen, entwickeln wir also aus der Erfahrung solcher Konstellationen und Ereignisse bestimmte Fähigkeiten, die uns stark machen oder zumindest stark zu machen scheinen. Indem wir diese Talente und Neigungen dann überstrapazieren, beeinträchtigen sie allerdings durch ihre Einseitigkeit auch wieder die Entwicklung von Resilienz.

Auch die schleichende Erhöhung von Anforderungen kann Menschen in die Rolle der scheinbar immer Starken und endlos Belastbaren manövrieren. Eine weit verbreitete Geschichte erzählt, dass man einen Frosch kochen kann, indem man ihn in Wasser setzt und es ganz langsam erwärmt. Der Frosch könnte zu jedem Zeitpunkt aus dem Topf heraus springen, aber er tut es nicht, weil der entscheidende Reiz fehlt – bis es zu spät ist. In heißes Wasser gesetzt, würde er sofort mit einem großen Satz herausspringen. Ähnlich geht es vielen Menschen mit steigenden Belastungen: Hätten sie alles, was sie stemmen, auf einmal übernehmen müssen, hätten sie das als nicht machbar weit von sich gewiesen. So aber kommt nach und nach eine Anforderung zur anderen, keine für sich genommen ist als Auslöser stark genug für ein Nein. Den Sohn mit der Lernbehinderung fährt man zweimal wöchentlich zur Therapie und macht seine täglichen Übungen mit ihm. Die pubertierende Tochter scheint komplett aus dem Ruder zu laufen und erfordert unglaublich viel Geduld und Aufmerksamkeit. Die Umstrukturierungen in der Firma verunsichern und es kostet viel Kraft, seinen Platz überzeugend zu behaupten. Dann stürzt die Schwiegermutter und wird nach ihrem Krankenhausaufenthalt nicht mehr allein in ihrer Wohnung bleiben können. Jedes Vorkommnis für sich ist mit etwas Anstrengung zu meistern, in der Summe führt die Beanspruchung jedoch zu einer erheblichen Überlastung.

Doch es sind nicht nur Schwierigkeiten wie Erkrankung, Arbeitslosigkeit oder veränderte Anforderungen bei den Personen im Umfeld, die es zu bewältigen gilt. Da starke Persönlichkeiten viele Herausforderungen sehr souverän meistern, unterschätzen sie oft, was die Bewältigung der *eigenen* Lebensaufgaben an Kraft kostet. Das können persönliche Krisen wie Identitätskrise in der Lebensmitte, Umbrüche oder existenzielle Einschnitte wie der Tod eines nahen Menschen sein. Auch sehr stabile Grundpersönlichkeiten können durch extremen Druck oder ungewöhnliche Belastungen so überfordert werden, dass sie Fehlverhaltensweisen entwickeln.

2.2 Wie und wofür Starke stark sind

Zweifellos sind auch starke und belastbare Menschen bedürftig. Wie alle Menschen sind sie auf der Suche danach,
was sie emotional überleben und aufleben lässt. Die Moti-
vationspsychologie erklärt, dass nicht erfüllte Grundbedürfnisse uns unermüdlich danach streben lassen, wie sie
befriedigt werden können. Sie sind die unbewusste Absicht
hinter unseren Aktionen und Reaktionen. Alle Menschen
teilen die gleichen Grundbedürfnisse, wir brauchen und
suchen Sicherheit, Anerkennung und Selbstbestimmung.
Wir unterscheiden uns allerdings darin, welche dieser psy-
chologischen Grundbedürfnisse für uns die höchste Priorität haben, das heißt welcher Mangel uns am härtesten
trifft und umtreibt. Uns allen gemeinsam ist, dass die individuell wichtigsten Grundbedürfnisse der stärkste unbewusste Antrieb unseres Handelns sind. Vor diesem Hintergrund ist so manche unerklärliche oder unangemessene
Reaktion subjektiv nicht sinnlos, auch wenn sie nicht zum
gewünschten Ergebnis führt.

Für Rita beispielsweise ist Anerkennung ein ganz wesentliches Bedürfnis. Sie hat bei ihrem Vater früh die Erfahrung gemacht, dass er sie besonders beachtet, wenn
sie etwas geleistet hat. Von ihrem derzeitigen Chef fühlt
sie sich stiefmütterlich behandelt. Er nutzt gern die Ergebnisse ihrer Tüchtigkeit, schenkt ihr persönlich aber
wenig Aufmerksamkeit. Ritas Freundin Anja kann nicht
verstehen, dass Rita auch noch Überstunden macht. Ihrer
Meinung nach lässt sie sich schamlos ausnutzen. Für Rita
ist es jedoch nicht sinnlos, sich noch mehr anzustrengen. Denn sie legt sich ins Zeug in der Hoffnung, so doch
noch die Anerkennung zu bekommen, auf die sie ange-

wiesen ist, um sich gut zu fühlen und emotional satt zu werden.

Unbewusst wählen wir also oft Verhaltensstrategien, die unser wichtigstes Grundbedürfnis irgendwie zu erfüllen scheinen. Doch damit kommen wir nicht immer zum Ziel. Manchmal ist sogar das Gegenteil der Fall. Je mehr Rita sich auspowert, je frustrierter und spürbar vorwurfsvoller sie dabei wird, desto weniger schätzt und würdigt ihr Vorgesetzter ihren Einsatz. Um solche unerwünschten Kettenreaktionen oder Nebenwirkungen zu vermindern, brauchen wir alternative Verhaltensweisen, die unser wesentliches Grundbedürfnis mindestens so gut oder besser erfüllen. Rita muss erst einmal gewahr werden, dass der unbewusste Grund ihrer Bestrebungen ist, Anerkennung zu bekommen. Dann kann sie die Einsicht gewinnen, dass ihr vertrautes Verhaltensmuster, sich immer mehr anzustrengen, ihr die ersehnte Anerkennung in diesem Fall nicht beschert. Und erst dann wird sie innerlich bereit und in der Lage sein, neue Wege zu erdenken und erproben, die eher zu ihrem Ziel führen.

Menschen, die aufgrund ihrer Handlungsmuster als stark und belastbar gelten, halten also unter anderem an ihren gewohnten Strategien auch fest, um emotional satt zu werden. Ihre automatisierten Verhaltensweisen entspringen unterschiedlichen unbewussten Motiven. Erst wenn sie diese durchschauen und ihre Bedürfnisse akzeptieren, werden sie frei, gesündere Wege zu gehen, um diese zu erfüllen. Entsprechend ihrer jeweiligen Grundmotivation lassen sich drei typische Arten von »Starken« unterscheiden.

Richard hat in einem landwirtschaftlichen Elternhaus gelernt, in die Hände zu spucken. »Ob man die Tür aufmachte oder nicht, draußen wie drinnen war immer Arbeit da«, sagt er. Damit ist für ihn als ältesten von vier Geschwistern vorprogrammiert, wie er mit schwierigen Situationen umgeht: Nicht lange nachdenken, sondern pragmatisch das Nötige und Nützliche erledigen. Dafür gibt es keine besondere Anerkennung. Es ist eben notwendig, dass alle nach Kräften anpacken, damit der Betrieb läuft. Wer viel tut, kann allerdings auch viel mitreden. So wird es zumindest in seinem Elternhaus gehandhabt. Daraus erwächst bei Richard das Verhaltensmuster, schnell zu bestimmen, wo es langgeht, aber auch selbst tatkräftig anzupacken. Im Lauf der Zeit entwickelt er so eine ausgeprägte Eigenständigkeit, die für ihn einerseits selbstverständlich ist, auf die er aber auch großen Wert legt. Seine Geschwister, inzwischen längst erwachsen, würden es immer noch eher Eigenmächtigkeit nennen. Dennoch ist Richard in Krisenzeiten der Fels in der Brandung, auf den sich alle verlassen. Seine Schwester Johanna ist ihm sehr dankbar dafür, dass er ihr in einer schweren Ehekrise mit anschließender Scheidung unerschütterlich zur Seite gestanden hat, fühlt sich aber auch immer wieder von ihm bevormundet.

Richard ist ein »Macher«

Menschen wie Richard geht es in erster Linie um Selbstbestimmung und Eigenständigkeit. Ihre Stärke zeigen sie im beherzten Handeln. Macher haben verinnerlicht, dass es im Leben darauf ankommt, sich nicht unterkriegen zu lassen und nie aufzugeben. Der erste Impuls in einer schwierigen Situation ist für sie das Handeln. Macher wollen bestimmen oder zumindest mitbestimmen können, wie die Dinge laufen. Für sie ist es besonders wichtig, nicht abhängig zu sein. Sind andere ihnen nahestehende Menschen in Schwierigkeiten oder leiden sie, wollen Macher unbedingt etwas *tun*, um Abhilfe zu schaffen. Wenn sie helfen und sich einsetzen für andere, dann oft, indem sie vorangehen oder für die anderen handeln. Die Opferrolle vermeiden sie von vornherein, jede Art von Schwäche oder Unterlegenheit scheint ihnen traumatisch. Dadurch laufen sie jedoch Gefahr, zum Opfer ihres eigenen Durchhalteanspruchs zu werden. Bevor sie aufgeben, müssten sie schon völlig zusammenbrechen. Macher überfordern sich, weil sie nicht akzeptieren können, dass ihre Kräfte begrenzt sind. Um neue Wege zu gehen, brauchen sie die Gewissheit, dass sie nicht allein und nicht unaufhörlich die Welt bewegen müssen und können. Und sie brauchen das Vertrauen, dass sie nicht ausgenutzt, unterschätzt oder verachtet werden, wenn sie Schwächen zeigen.

Als Kind ist Luise zurückhaltend, viele finden sie sogar ausgesprochen schüchtern. Schon im Kindergarten mag sie weder beim Krippenspiel noch beim Sommerfest auf der Bühne stehen, sie hält sich lieber im Hintergrund. Luise lebt mit ihrer Mutter und deren Mutter zusammen, die nach einem Schlaganfall pflegebedürftig ist. Zwar werden Luise nicht ausdrücklich Pflichten auferlegt. Doch es bleibt ihr nicht verborgen, wie belastet ihre Mutter durch Berufstätigkeit, Haushalt und Pflege der Oma ist. Luise versucht ihren Teil beizutragen, ihr den Alltag zu erleichtern. Sie erledigt bedeutend mehr häusliche Aufgaben als andere Kinder ihres Alters. Nach der Schule liest sie ihrer Oma vor und bereitet ihr Essen und Trinken zu, was alsbald stillschweigend als ihre Aufgabe angesehen wird. Ihr Onkel besucht seine Mutter regelmäßig, dabei übernimmt er für Luise eine Art Vaterrolle, lässt sich ihre Schulhefte zeigen und weist sie darauf hin, wie sie sich verbessern kann. Er verfolgt ihre Fortschritte, hat aber auch ein wachsames Auge auf Fehler und Unzulänglichkeiten. Alle sind überzeugt, dass Luise ein intelligentes Mädchen ist, dessen Zeugnisse noch besser sein könnten. Luise lernt gut aufzupassen, dass sie nichts vergisst oder falsch macht. Zwar wird sie dafür nicht direkt bestraft, aber sie spürt die enorme Erwartungshaltung der Erwachsenen. Deren Erwartungen verinnerlicht sie, bis sie schließlich zu eigenen Anforderungen an sich selbst werden. Noch heute als über Vierzigjährige arbeitet Luise gewissenhaft ihre To-do-Listen ab, bevor sie sich Feierabend oder Ruhepausen gönnt. Beim Lesen und beim Baden kann sie entspannen – sofern alles erledigt ist. »Ich weiß natürlich vom Kopf her, dass ich erst mal in der Badewanne mit einem Krimi das Wochenende einläuten könnte. Aber gefühlt ist es einfach nicht in Ordnung, solange die Wohnung nicht aufgeräumt ist«, sagt sie. In besonders stressigen Phasen schreckt sie sogar manchmal aus einer Tätigkeit hoch mit dem Gefühl, etwas anderes vergessen zu haben, was auch noch zu erledigen ist.

Luise gehört zu den »Funktionierern«

Für sie ist in erster Linie Absicherung wichtig. Sie sind bemüht, alles richtig zu machen. Funktionierer versuchen die Erwartungen anderer zu erfüllen und den Laden in jedem Fall am Laufen zu halten. Sie wollen sich keine Fehler und Versäumnisse nachsagen lassen. Ihnen geht es nicht so sehr darum, ihre Interessen zu vertreten und sich durchzusetzen oder sich durch ihr Tun für andere unersetzlich zu machen. Funktionierer setzen ihre Energie vor allem dafür ein, nirgends anzuecken, niemanden zu enttäuschen, nichts falsch zu machen. Sie wollen sich darauf verlassen können, dass Aufgaben und Pflichten so erledigt werden, wie es nach Maßstäben von Ordnung und Absicherung sein sollte. Funktionierern ist es besonders wichtig, auf verlässliche Informationen, Abläufe und Strukturen zählen zu können. Damit das gewährleistet ist, versuchen sie, solche Strukturen zu schaffen. Sie sind genervt bis verzweifelt, wenn andere sich nicht daran halten. Wenn sie helfen und sich einsetzen für andere, dann oft aus Sorge und Pflichtgefühl heraus und um Schlimmes zu verhüten. Auf den ersten Blick wirken Funktionierer nicht einmal besonders stark, sondern eher bemüht und tüchtig. Doch sie lassen nicht locker. Selbst wenn sich schon Kopfschmerzen ankündigen, wenn sie keine Lust mehr haben, wenn ihnen alles auf die Nerven geht oder zur Last fällt, machen sie unermüdlich weiter und tun, was sie für ihre Pflicht halten oder womit sie kein Missfallen erregen. Sie verausgaben sich, damit man ihnen nichts vorwerfen kann und sie niemandem etwas schuldig bleiben. Oft sind sie von der Angst getrieben, Wichtiges versäumt zu haben oder schuld zu sein, wenn etwas schief geht. Um neue Wege zu gehen und entspannter zu sein, brauchen Funktionierer die Gewissheit, dass niemand sie wegen Nachlässigkeit oder Pflichtvergessenheit zur Rechenschaft zieht. Und sie brauchen das Vertrauen, dass weder ihnen noch anderen etwas passiert, wenn sie nicht alles unter Kontrolle haben.

Stefan ist ein freundliches und liebes Kind. Gerne kuschelt er sich bei Mama, Opa oder Oma an, wenn sie zusammen fernsehen oder sich unterhalten. Er spielt auch mit den kleineren Kindern aus der Nachbarschaft und kümmert sich um sie, wenn sie sich wehgetan haben. Allerdings leidet Stefan sehr darunter, dass sein Vater seinem wilderen Bruder Torsten viel mehr Aufmerksamkeit schenkt. Er versucht bei seinem Vater Eindruck zu machen, indem er ihm kleine Gefälligkeiten erweist und Geschenke bastelt. Doch der ist mehr angetan von Torstens sportlichen Erfolgen. Seine Mutter gibt Stefan dagegen häufig zu verstehen, wie schön es ist, dass er schon so verständig und fürsorglich ist. Sie weiht Stefan ein, wenn ihr Mann etwas nicht wissen soll. Stefan hilft ihr dabei, dass ihre Heimlichkeiten nicht auffliegen. Wenn sie sagt »Was würde ich nur machen ohne dich!«, macht ihn das stolz und glücklich. Er fühlt sich dadurch aber auch derart gebunden, dass er seine eigenen Wünsche und Interessen ganz zurückstellt. Die Ehe seiner Eltern gerät immer mehr in die Krise. Stefan verzichtet auf ein Medizinstudium und macht stattdessen in seiner Heimatstadt eine Ausbildung zum Krankenpfleger. Er kann seine Mutter jetzt nicht im Stich lassen, sie zählt auf seine Unterstützung. Mit Überredungskünsten und manchmal auch mit Tricks sorgt er dafür, dass wenigstens zu Geburtstagen die ganze Familie zusammenkommt, weil das seiner Mutter gutzutun scheint. Es macht ihm Freude, wenn er sie trösten oder aufheitern kann. Fürsorglich und aufmerksam ist Stefan auch gegenüber Patienten und Kollegen. Werden im Freundeskreis Helfer für Umzüge, handwerkliche Einsätze oder Partys gebraucht, gibt es von ihm ohne wirklich triftigen Grund kein Nein. Ist er allerdings selber krank oder könnte er Unterstützung gebrauchen, versucht er lieber allein zurechtzukommen.

Stefan ist ein »Kümmerer«

Sie brauchen in erster Linie Anerkennung und Wertschätzung. Kümmerer verwenden ihre meiste Energie darauf, andere zu versorgen oder zu Gefallen zu sein, seien es nahe Angehörige und Freunde oder entferntere Menschen wie Kollegen, Nachbarn oder Mitreisende, die man nie mehr wiedersieht. Ihre Aufmerksamkeit richtet sich automatisch darauf, was andere benötigen könnten, was sie für jemanden tun können und wie sie sich unentbehrlich machen können. Dabei blenden sie meist aus, wie es ihnen selber geht, sie spüren eigene Schmerzen oder Verspannungen nicht mehr, sobald jemand anderer sie zu brauchen scheint oder von ihnen beeindruckt ist. Kümmerer sind am meisten darauf angewiesen, dass sie für ihre Bemühungen ausreichend Resonanz bekommen. Sie verströmen sich in der Beziehung zu anderen, ohne ihre Kräfte realistisch einzuschätzen. Gelegentlich neigen sie auch dazu, andere zu bevormunden oder ihnen Rat und Hilfe aufzudrängen, wo es nicht gewollt oder nicht nötig ist. Manche können sich nahezu aufopfern, um vom Gegenüber die Bestätigung zu bekommen, dass sie ihm guttun oder ihm viel bedeuten. Andere verausgaben sich völlig für Beachtung, Beifall oder Bewunderung. Wenn Kümmerer sich stark machen, dann oft aus persönlicher Beziehung heraus, weil sie Nähe zu anderen suchen oder um dafür von Dritten Aufmerksamkeit zu bekommen. Um neue Wege zu gehen, brauchen sie die Vergewisserung, dass sie auch geliebt werden, wenn sie nicht ständig und über ihre Maßen geben. Sie müssen verinnerlichen, dass sie etwas wert sind, ohne sich selbst oder etwas Eindrucksvolles produzieren zu müssen.

Finden Sie sich in einigen der beschriebenen Muster wieder? Zu welcher der drei Gruppen Sie sich auch immer in bestimmten Situationen zählen mögen, es ist selbstverständlich förderlich, das zu stützen und zu fördern, was Sie bei sich als gesund und gut erleben: Eigenständig und impulsiv die Dinge in die Hand nehmen, pflichtbewusst und loyal die Aufgaben strukturieren oder sich hilfsbereit und wirkungsvoll um alle(s) kümmern. Doch wenn diese Verhaltensmuster zu Überforderung und Überlastung führen, bringt es Sie weiter, wenn Sie sich darüber klar werden, was die *eigentliche* Absicht hinter Ihrem selbstschädigenden Verhalten ist. Dann können Sie an neuen Wegen arbeiten, wie sie Ihr wichtigstes Grundbedürfnis so stillen, dass Sie sich nicht von der vergeblichen Suche nach Befriedigung unbewusst schaden. Sie werden frei für selbstverantwortete Entscheidungen und Alternativen. Wer aus freier Entscheidung handelt und nicht, weil er getrieben ist, wird wirklich stark. Wer verstehen und akzeptieren lernt, dass er wie alle Menschen bedürftig ist, auch wenn er sich selbst und anderen stark erscheint, hat gute Voraussetzungen, gesündere und resilientere Strategien zu entwickeln, weil er *nicht immer* stark sein oder scheinen muss.

2.3 Signale für Überforderung

Viele beanspruchte Menschen nehmen allerdings Anzeichen, die auf Überlastung und Überarbeitung hinweisen, bei sich selbst nicht oder nicht mehr wahr. Kein verlässlicher Feierabend, kein Wochenende, kein Urlaub, immer auf Abruf – wer sich ständig getrieben fühlt, setzt seinen Organismus unter Dauerstress. Bleibt die Anerkennung für die ständige Höchstleistung aus, kommt Frust dazu, eine Mischung, die über kurz oder lang zur körperlichen und seelischen Erschöpfung bis hin zum Burn-Out führt. Gerade Professionelle tragen diesen Erkenntnissen in ihrem eigenen Verhalten oft erschreckend wenig Rechnung. Zwar erkennen und benennen Ärzte, Berater und Therapeuten in der Prävention und Gesundheitsfürsorge Prinzipien des Ausgleichs und der Lebensbalance, wenden sie aber selbst kaum an. Führungskräfte und Ausbildende leben teilweise sechzig oder mehr Stunden wöchentliche Arbeitszeit vor und vermitteln damit falsche Maßstäbe. Sie holen sich selber keine Hilfe, auch wenn sie tagtäglich andere sachkundig auf diese Möglichkeit hinweisen.

Die allgemeine Arbeitsverdichtung bei gleichzeitigem Abbau personeller Ressourcen lässt die Belastung für den einzelnen kontinuierlich steigen. Gleichzeitig wird das eigene Tun durch Bürokratie und Wirtschaftlichkeitsaspekte immer stärker fremdbestimmt. Vor diesem Hintergrund kann die Sinnhaftigkeit von Maßnahmen häufig nicht mehr vermittelt werden. Die daraus folgenden Gefühle von Ohnmacht und der Verlust der Freude am Beruf sind Alarmsignale, die von Menschen, die sich lange Zeit be- und überlastet haben, immer noch nicht als solche verstanden werden. Mutlosigkeit und Depression, aber auch dauerhaft unterdrückte Gefühle wie Aufregung, Angst und Trauer aktivieren Stresshormone. Diese können kurzzeitig Teile des Herzmuskels lähmen, was in Fachkreisen als »Broken-Heart-Syndrom« bekannt ist, oder sogar zum Infarkt führen. Früher gingen Experten davon aus, dass Ehrgeiz, Hektik und Konkurrenzdruck das Herz gefährden. Heute weiß man, dass auch ein weiteres Verhaltensmuster lebensgefährlich werden kann: negative Emotionen herunterschlucken oder in sich hineinfressen.[4] Wer Gefühle wie Feindseligkeit oder Ärger nicht loswird, indem er mit anderen darüber spricht oder sie durch körperliche oder mentale Aktivität verarbeitet, hat ein doppelt so hohes Risiko für eine Depression.

Manche starken Menschen fühlen sich irgendwann chronisch überlastet, sind sich aber nicht im Klaren darüber, was in ihrem Leben schief läuft. Sie glauben, gar keine Zeit zu haben, über ihre Situation zu reflektieren. Ihren enormen Arbeitseinsatz betrachten sie als normalen Preis für ihre Karriere oder ihre Beziehungen. Ihr pausenloses Abrackern bestätigt sie in ihrer Ansicht, dass sie gar nichts ändern können. Bleiben Erholung und Ausgleich immer öfter auf der Strecke, geht schließlich das Gespür für den eigenen Körper verloren. Die Beziehungen zu Partnern, Familie, Freunden leiden oder zerbrechen. Die Selbstwahrnehmung ist reduziert auf das vage Gefühl, dass es mehr geben sollte im Leben, als nur zu arbeiten und Verpflichtungen nachzukommen.

Wenn Sie das eine oder andere bei sich wiedererkennen, gehören Sie wahrscheinlich zu den leistungsbereiten Menschen, die gefährdet sind, sich an immer höheren Zielen und Erwartungen zu messen. Dabei geht es keineswegs nur um berufliche Belastung. Beanspruchung im Privaten durch familiäre Konflikte, die Unterstützung von Kindern und Eltern oder der Anspruch, auch gesellschaftliche Aufgaben bestmöglich zu erfüllen, können genauso dazu führen, dass man sich überstrapaziert. Viele dieser Anforderungen werden heute nicht anstelle des Berufs, sondern zusätzlich zum Beruf erfüllt. Typisch ist eine Kombination aus chronischer und akuter Belastung. Wir laufen eine ganze Weile auf so hohem Niveau, dass wir nicht mehr spüren, wie sehr Erholung nötig wäre. Dann kommt noch eine unvorhergesehene zusätzliche Erschwernis: Zwei Kollegen fallen gleichzeitig aus, die Tagesmutter wird krank oder der Vater erleidet einen Schlaganfall. Spätestens jetzt müsste die Reißleine gezogen werden, aber man strampelt so im Hamsterrad, dass man gar nicht mehr auf die Idee kommt. Gerade Menschen, die in ihrem beruflichen und privaten Leben viel Einsatz bringen, verlernen es, die eigenen Gefühle, Schwächen und auch Ängste wahrzunehmen. Lassen sie sich nicht ausblenden oder unterdrücken, reagieren die Betreffenden nicht selten hilflos, da sie ja glauben, keine Zeit und Aufmerksamkeit dafür aufbringen zu können. Sie spüren zwar, dass etwas nicht stimmt, doch sie können es weder beschreiben noch analysieren, geschweige denn wichtig nehmen. Folglich werden die entsprechenden Anzeichen nicht mehr wahrgenommen oder missdeutet: Ein Teufelskreis ist in Gang gesetzt.

3. Resilienz als Schlüssel-
kompetenz für Starke

*Die Stärke eines Menschen zeigt sich
in der Blöße, die er sich selber gibt.*
Elazar Benyoetz

3.1 Sieben Missverständnisse

Warnsignale für Überforderung und Überlastung werden
also gerade von starken und einsatzfreudigen Menschen
oft nicht erkannt und nicht ernst genommen. Das hängt
unter anderem damit zusammen, dass sie die Ausprägung
bestimmter Verhaltensweisen, die resilienten Menschen
zugeschrieben werden, missverstehen. Zum einen kommen sie ins Ungleichgewicht, weil sie einzelne dieser an
sich resilienten Verhaltensmuster überstrapazieren. Zum
anderen glauben sie, dieselben Eigenschaften und Fähigkeiten jederzeit und in jeder Situation hervorbringen zu
müssen. Resilienz bedeutet aber, seine Reaktionen je nach
Kontext und Situation flexibel variieren zu können. Wirk-
liche Stärke zeigt sich eben auch darin, manchmal schwach
und hilfsbedürftig zu sein und Misserfolge und Niederlagen aushalten zu können.

Grundhaltung »Optimismus«

- *Glauben Sie, auch wenn Sie schon überlastet sind, fest daran, dass Sie es irgendwie schaffen müssen?*
- *Verlassen Sie sich, je kritischer die Situation wird, umso mehr und ausschließlicher auf sich selbst?*
- *Neigen Sie dazu zu unterschätzen, wie viel Energie Ihr Einsatz Sie selber kostet? Gehen Sie selbstredend davon aus, dass Ihre Reserven unerschöpflich sind?*

Missverständnis Nr. 1:
Resiliente Menschen kennen weder Angst noch Sorgen und lassen niemals den Kopf hängen

Mara arbeitet seit vielen Jahren in der Ausleihe einer Bücherei. In ihrem Team gilt sie als zuverlässige und freundliche Kollegin, die aufgeregte Gemüter schnell wieder besänftigt. Der politische Beschluss, die Büchereien der Kommune und der Pfarrgemeinden in einem Bibliothekszentrum zusammenzufassen, beunruhigt Mara sehr. Sie fragt sich besorgt, was diese Veränderungen ihr zu nehmen drohen. Ihr ist zu Ohren gekommen, dass eine der Bibliotheken eine ausgezeichnete EDV-Ausstattung hat. Mara fürchtet, dass sie auf diesem technischen Niveau nicht mithalten kann und dass ihre Arbeit nicht mehr geschätzt wird. Außerdem droht ihr, dass sie durch neue Strukturen ihre vertraute Rolle im Team verlieren könnte. Das alles versucht Mara sich jedoch nicht anmerken zu lassen. Äußern sich ihre Kollegen besorgt und ablehnend zu der anstehenden Fusion, argumentiert sie ausschließlich mit den Vorteilen. Das bringt ihr letztlich sogar Aggressionen ihrer bisherigen Kollegen ein. Sie sehen Mara nicht mehr im selben Boot.

Doch während sie nach außen Optimismus zu verbreiten versucht, wacht sie selbst fast jede Nacht mit Herzklopfen auf und kann vor lauter Grübeln nicht wieder einschlafen. Es verstärkt ihre eigenen Befürchtungen, dass sie nicht mehr die Zugehörigkeit zu der alten Gemeinschaft spürt. Ihr aufgesetzter Optimismus erreicht weder die Kollegen, noch beruhigt er sie selbst. Viel leichter würde es für alle, wenn sie zugeben könnte, dass sie auch Angst hat vor der Ungewissheit und vor den Veränderungen. Optimistisch zu sein bedeutet nicht, solche Gefühle zu leugnen. Sie sind genauso ein Teil der Realität wie getroffene Entscheidungen oder vorhandene Räumlichkeiten. Optimistisch zu sein könnte für Mara heißen, daran zu glauben, dass es ihr gelingt, die mit der Umstrukturierung verbundenen Schwierigkeiten zu bewältigen. Optimistisch sein könnte heißen, sich bewusst zu machen, dass sie nicht allein ist, sondern dass die eigenen Kollegen wie auch die aus den anderen Büchereien im selben Boot sitzen. Optimistisch sein könnte heißen, sich klar zu machen, dass die Zeit des Umbruchs irgendwann geschafft ist und die gesamte Situation sich beruhigen wird. Dieser Optimismus wäre glaubwürdiger und tragfähiger, für andere wie auch für sie selbst. Wenn Mara das ihren Kollegen vermittelt, wird sie vielleicht sogar erleben, dass man sich gegenseitig Mut macht.

Aus der Stärke, auch Widrigkeiten zum Trotz an sich glauben zu können und die Hoffnung auf Verbesserung der Lage nicht aufzugeben, machen einsatzstarke Menschen oft eine unumstößliche Forderung an sich selbst. Was ihnen dagegen oft fehlt, ist der Glaube an die Stärken und Möglichkeiten der anderen. Indem sie sich einreden, dass sie alles schaffen können, weil sie es müssen, verlangen sie von sich, niemals Zweifel aufkommen zu lassen und immer Zuversicht und Optimismus auszustrahlen. Wer sich auf diese Weise positives Denken verordnet, verleugnet nicht nur seine Gefühle und seine wahre Verfassung. Er läuft auch Gefahr, Probleme und Unstimmigkeiten nicht ernst zu nehmen. Starke, die ihre eigenen Überlastungssignale nicht berücksichtigen, wehren häufig sogar ab und spielen ihren Einsatz herunter, wenn andere sie auf das bedenkliche Ausmaß ihrer Aktivitäten hinweisen. Was ihnen fehlt, ist die Zuversicht, dass ein Nein nicht automatisch Schwäche bedeutet. Sie brauchen die Erkenntnis, die Erfahrung und die innere Erlaubnis, dass sie ihre Akkus immer wieder aufladen müssen, wenn sie realistischen Optimismus erzeugen und zeigen wollen.

Grundhaltung »Akzeptanz«

- *Werden Sie ungehalten, wenn Sie sich durch Hindernisse wie rote Ampeln, vergeblichen Aufwand oder Missstände ausgebremst fühlen?*
- *Sind Sie schnell bereit, mangelnde Fähigkeiten oder Bereitschaft (vermeintlich) schwacher Menschen zu kompensieren?*
- *Erwarten Sie von sich und anderen starken Personen, dass sie in jeder Lage allein zurechtkommen?*

Missverständnis Nr. 2:
Resiliente Menschen akzeptieren, dass sie den nicht so belastbaren oder leistungswilligen Menschen in ihrer Umgebung jederzeit zur Verfügung stehen

Christian ist nach eigenem Bekunden durch und durch Familienmensch. Mit seiner Frau und seinen beiden Töchtern wohnt er nur zehn Minuten von seinen Eltern entfernt. Seine Rolle als Mann für alle Fälle im elterlichen Haushalt hat er nie ganz aufgegeben. Ob seine Mutter ein schweres Möbelstück umgeräumt haben will, ob sein Vater mit der Programmierung des Telefons nicht zurechtkommt oder ob die beiden zum wiederholten Mal ihre Sorgen um seine unverheiratete Schwester loswerden wollen: Christian lässt sich umgehend herbeitelefonieren und kümmert sich. Auch von seinen Töchtern lässt er sich einspannen, selbst wenn er darüber eigene Interessen vernachlässigt. In seiner Musikband kommt Unmut auf, weil er immer häufiger Proben absagt oder zu spät kommt. Seine Frau Silke spürt deutlich, wie Christian sich auf Dauer überfordert, das aber nicht wahrhaben will. Silke scheint die Einzige zu sein, die Christian für selbstständig und belastbar genug hält, ihre Dinge allein zu bewältigen. Silke ist zwar tatsächlich ein starkes Gegenüber. Manchmal möchte sie sich aber auch anlehnen können. Sie ist der Meinung, dass auch Christian das immer nötiger hat. Spricht sie ihn darauf an, dass er sich verausgabt, während seine Eltern und Töchter es sich ganz bequem machen, wiegelt er ihre Einwände ab. »Ich bin eben in der Lage dazu, und du bist es auch. Deshalb ist es nur recht und billig, dass wir uns mehr zumuten. Sie sind doch auf uns angewiesen, und ich kenne das auch gar nicht anders! Sei doch froh, dass wir es können!«

Christian ist aus dem Gefühl der eigenen Stärke heraus jederzeit ohne Zögern bereit einzuspringen, wenn Not am Mann ist. Das ist grundsätzlich eine sehr anerkennenswerte Haltung. Doch damit akzeptiert er sehr schnell, ohne es zu hinterfragen, dass seine Eltern ihn auch einspannen, ohne dass sie in Not sind. Und er nimmt hin, dass seine Töchter seine Bereitwilligkeit ausnutzen und aus Bequemlichkeit ihre Entwicklung zur Selbstständigkeit behindern. Christian akzeptiert, dass er mehr leistet und sich mehr einbringt als die anderen – von Silke einmal abgesehen. Zum Resilienzaspekt Akzeptanz gehört es aber auch, zu hinterfragen und zu überprüfen, was wirklich unabänderlich ist und was uns nur aus Gewohnheit so erscheint. Ein solcher Realitätscheck könnte Christian die Erkenntnis bescheren, dass seine persönliche »Akzeptanz-Baustelle« eine ganz andere ist: Es fällt ihm nämlich sehr schwer zu akzeptieren, dass seine eigenen Möglichkeiten und Kräfte nicht unerschöpflich sind. Und ebenso schwer fällt ihm die Erkenntnis, dass er mit seinem Einsatz und Aktionismus dazu beiträgt, dass andere immer »schwächer« werden. Ihre Kompetenzen, ihre Lernfähigkeit, ihre Eigenständigkeit und ihre Selbstachtung nehmen nämlich in dem Maße ab, in dem ihnen auch das aus der Hand genommen wird, was sie selber tun oder lernen könnten.

Starke Menschen haben häufig ein Problem damit, zu akzeptieren, dass ihre eigenen Kräfte und Fähigkeiten begrenzt sind, dass sie Unterstützung von anderen brauchen könnten oder gar darauf angewiesen sind. Häufig sind sie schnell bereit, solche Gegebenheiten als unveränderlich hinzunehmen, die sie ihre Stärke ausspielen lassen. In der Regel machen sie sich nicht klar, dass sie den Einfluss- und Entscheidungsspielraum anderer einengen, wenn sie an ihrer Stelle handeln. Es fällt ihnen schwer, sich herauszuhalten und andere ihren eigenen Vorstellungen und Lösungsversuchen zu überlassen, auch wenn diese in ihren Augen unlogisch oder unzureichend sind. Andere in ihrer Eigenart zu akzeptieren bedeutet, ihnen zuzugestehen, dass sie ihre individuellen Erwartungen, Vorstellungen und Einschränkungen haben. Es bedeutet, darauf zu verzichten, ihnen diese ausreden oder korrigieren zu wollen. Es bedeutet jedoch keineswegs, ihre tatsächlichen oder vermeintlichen Erwartungen und Ansprüche jederzeit zu erfüllen.

Grundhaltung »Lösungsorientierung«

- *Haben Sie wenig Verständnis für Menschen, die gute Gelegenheiten problematisieren, skeptisch hinterfragen oder Bedenkzeit brauchen?*
- *Werden Sie ungeduldig, wenn andere Leute die naheliegenden Lösungen für ihre Probleme nicht sehen oder ergreifen (wollen)?*
- *Sind Sie oft sehr entschieden und denken in Entweder-oder-Kategorien?*

Missverständnis Nr. 3:
Statt sich mit Problemen aufzuhalten, finden resiliente Menschen schnell eine Lösung

Björn ist seit fünf Jahren mit seiner Freundin Carolin zusammen. Auf seiner ersten Stelle nach dem BWL-Studium steigt er ehrgeizig und forsch in die Arbeit und die Karriere ein. Für Björn gibt es keine Probleme, sondern nur Herausforderungen. Dass er mit seinen Schnellschüssen so manchen Mitarbeiter überrennt oder brüskiert, fällt ihm nicht weiter auf. Alles scheint möglich. Ein Kunde seines Arbeitgebers ist von Björns dynamischem Auftreten und seiner pragmatischen Herangehensweise so beeindruckt, dass er ihn mit einem sehr lukrativen Angebot abwirbt. Er will ihn als Troubleshooter. Björn ist stolz und glücklich über diese ungewöhnlich frühe Karrierechance – im Gegensatz zu Carolin, deren Begeisterung sich sehr in Grenzen hält. Sie gibt die Belastungen der großen Entfernung zu bedenken: Die tägliche lange Fahrt sei anstrengend, nicht ungefährlich und gehe bei den hohen Benzinkosten ganz schön ins Geld. Mit etwas Ungeduld in der Stimme versucht Björn Carolins Bedenken zu zerstreuen. Er erklärt, für ihn sei das kein Problem. Er könne gut im Auto denken und habe schon so manchen Knoten auf der Fahrt gelöst. Ansonsten vertreibe er sich mit Musik und Hörbüchern die Zeit. Bei schwierigen Straßenverhältnissen könne er ja jederzeit in Dreiberg übernachten, oder er könne sich ein kleines Apartment mieten. Doch an allem, was Björn anführt, hat Carolin etwas auszusetzen. »Wenn du deiner Karriere alles andere unterordnest, hätten wir ja gar nicht erst zusammenzuziehen brauchen!« Björn ist endgültig genervt: »Ich kann vorschlagen, was ich will, dir ist nichts recht zu machen. Ich dachte, du freust dich mit mir.« Björn versteht die Welt nicht mehr. Es läuft wie geschmiert – und dann ist Carolin nur noch am Nörgeln. Dabei lässt sich das doch alles irgendwie lösen.

Viele Starke neigen in einseitiger Zielgerichtetheit dazu, Probleme gar nicht als solche wahrzunehmen und zu benennen. Ihre automatische Denkrichtung und Handlungsweise geht dahin, in jeder Lebenslage möglichst schnell eine pragmatische Lösung zu finden und umzusetzen. Sie glauben nicht, dass es etwas bringt, sich mit den tieferen

Ursachen von Wut, Unzufriedenheit oder Angst zu befassen. Doch solche Gefühle sind ernst zu nehmende Hinweise auf verbesserungswürdige Zustände oder Bereiche. Björn könnte sich darauf einlassen, mit Carolin die wahren Ursachen für ihre Bedenken zu ergründen. Sie hat nämlich den Eindruck, dass Björn sich durch sein hohes Engagement im Job, durch seinen Erfolg und die damit verbundenen neuen Kontakte immer mehr von ihr entfernt. Sie wünscht sich mehr gemeinsame Zeit zu zweit. Und sie möchte sich vergewissern, was sie Björn bedeutet und wie wichtig ihm eine gemeinsame Zukunft ist. Wenn Björn verstanden hat, worum es eigentlich geht, sind seine Problemlösefähigkeiten wieder gefragt. Die Suchrichtungen und die Lösungsansätze werden mit Sicherheit ganz andere sein als Ideen, wie sich eine weite Entfernung zum Arbeitsplatz organisatorisch bewältigen lässt.

Der Resilienzaspekt Lösungsorientierung bedeutet keineswegs, Probleme beiseitezuschieben. Er bedeutet, nicht in Problemen steckenzubleiben. Erst die Klärung, wofür genau eine Lösung gesucht wird, stellt die Kriterien dafür bereit, wie passend, vielversprechend und im wahrsten Sinne des Wortes lösend die Ergebnisse sind.

Handlungsfaktor »Selbstverantwortung übernehmen«

- *Übernehmen Sie oft und viel Verantwortung für andere und deren Wohlergehen?*
- *Glauben Sie, dass Sie alles schaffen können, wenn Sie nur stark bleiben und kämpfen?*
- *Haben Sie ein schlechtes Gewissen oder fühlen Sie sich schuldig, wenn Sie einmal nicht alles geben oder den Erwartungen nicht voll und ganz entsprechen?*

Missverständnis Nr. 4: Resiliente Menschen lassen nicht zu, dass sie jemals zum Opfer werden; sie sind und bleiben in jeder Situation stark und unverwundbar

Als ihre beiden Kinder aus dem Gröbsten heraus sind, eröffnet Astrid ihren eigenen Blumenladen »Stilblüten«. Mit viel Herzblut und unermüdlichem Einsatz macht sie ihn im Lauf der Jahre zu einer sehr gefragten Adresse. Doch als ein Blumendiscounter im Supermarkt um die Ecke eröffnet und gleichzeitig die Wirtschaftskrise die Kunden sehr zurückhaltend werden lässt, steht sie eines Tages kurz vor der Insolvenz. Astrid lässt sich nicht unterkriegen, sie mobilisiert alle Kräfte im Kampf um ihre berufliche Existenz. Das Personal reduziert sie auf eine Mitarbeiterin, sie selbst arbeitet bis zum Umfallen. Als sie endlich wieder schwarze Zahlen schreibt, erkrankt ihr Mann Karsten an Krebs. Wieder wird Astrid zur Kämpferin, die alle Reserven auffährt, um Karsten zur Seite zu stehen und die Kinder nicht zu belasten. Sie kümmert sich um Therapiemöglichkeiten, verbringt jede freie Minute damit, Karsten Mut zuzusprechen und ihn zu beschwören nicht aufzugeben. Sie selbst hat noch keine Träne vergossen, sich keine Zeit für ihre Gefühle, zum Nachdenken und Verarbeiten eingeräumt. Astrids Leben spielt sich nur noch zwischen Laden und Krankheit ab. Ihre immer heftiger auftretenden Rückenschmerzen ignoriert sie, bis sie es eines Morgens nicht mehr schafft, aus dem Bett zu kommen.

Es bleibt im Leben gar nicht aus, dass wir vorübergehend zu Opfern werden. Wir sind Ereignissen ausgesetzt, auf die wir keinen Einfluss haben. Wir geraten in Situationen, in denen wir uns hilflos und ohnmächtig fühlen. Wir leiden unter Einsamkeit oder unter der ständigen Anwesenheit eines Menschen ohne eine Idee, wie wir das ändern könnten. Starke Menschen versuchen häufig, durch Aktionismus diese Opferrolle gänzlich zu vermeiden. Astrid will sich weder von wirtschaftlichen Bedingungen noch von Krankheiten unterkriegen lassen. Grundsätzlich ist diese Haltung der Resilienz förderlich. Um die Opferrolle um jeden Preis zu vermeiden, übernimmt Astrid jedoch im Übermaß die Rolle der unermüdlichen Kämpferin. Dabei merkt sie nicht, wie sie gerade dadurch zum Opfer wird. Sie selbst macht sich nämlich zum Opfer ihrer eigenen Ansprüche und Glaubenssätze, indem sie sich bis zur totalen Erschöpfung belastet und verausgabt. Ihre letzten Energiereserven braucht sie auf, um sich ihren Kummer nicht anmerken zu lassen, ihre Sorgen und ihre Ratlosigkeit zu leugnen. Selbstverantwortung übernehmen bedeutet aber auch, sich in Krisenzeiten Phasen von Schwachheit und Machtlosigkeit zuzugestehen und sich darin jemandem anzuvertrauen. Dann könnte Astrid ihre in dieser Gesamtlage verminderten Kräfte darauf verwenden, in

Ruhe zu überlegen, wie sie die Situation angemessen gestalten kann und welche Hilfen sie dabei in Anspruch nehmen kann und will.

Starke Menschen übernehmen oft auffallend wenig *Selbst*verantwortung. Wenn es um ihre eigenen Kräfte geht, überlassen sie es anderen, ihre Grenzen zu erkennen und zu wahren. Als Führungspersonen oder Vorbilder gehen sie in dieser Hinsicht häufig mit denkbar schlechtem Beispiel voran. Sie kommen zur Arbeit, obwohl sie krank sind. Sie renovieren den erwachsenen Kindern die Wohnung, obwohl das bedeutet, dass sie für das laufende berufliche Projekt Nachtschichten einlegen müssen. In Gesundheitsberufen Tätige ignorieren alle Signale ihres Körpers, für die sie andere schon längst zum Arzt geschickt hätten. Manche überfordern sich wie Astrid, indem sie sich auch in schwierigsten Lebenslagen nicht die geringste Schwäche zugestehen. Selbstverantwortung übernehmen bedeutet aber auch, die eigene Situation und Verfassung ernst zu nehmen und Zeiten der Kraftlosigkeit und Ohnmacht vorübergehend zu akzeptieren. Es geht nicht darum, die Opferrolle grundsätzlich für sich auszuschließen. Es geht darum, mit seinen Kräften so hauszuhalten, dass man sie nach angemessener Zeit wieder verlassen kann.

Handlungsfaktor »Sich selbst regulieren«

- *Verfügen Sie über ein hohes Maß an Selbstdisziplin und setzen in aller Regel um, was Sie sich vorgenommen haben?*
- *Können Sie sich erinnern, wann Sie das letzte Mal geweint, getrödelt, gespielt, geschwänzt haben oder über die Stränge geschlagen sind?*
- *Fühlen Sie sich öfter ausgelaugt und erschöpft ohne Aussicht auf ausreichende Erholung?*

Missverständnis Nr. 5:
Resiliente Menschen sind vernünftig und diszipliniert und haben sich jederzeit unter Kontrolle

Wer im Leben etwas erreichen will, muss sich anstrengen. Diese Lektion hat David früh gelernt und verinnerlicht. Was ihm in der Schule und im Sport zu großen Erfolgen verholfen hat, baut er in Studium und Beruf weiter aus: Um sein anspruchsvolles Pensum zu schaffen, erstellt David ausgefeilte Zeitpläne und hält äußerst diszipliniert eine straffe Tages- und Wochenstruktur ein. Eine solche Strategie kann grundsätzlich effizient und hilfreich sein. Doch David wird im Lauf der Jahre immer unflexibler. Selbst bei zwanglosen privaten Verabredungen mit Sportkollegen oder Freunden besteht er darauf, dass alle auf die Minute pünktlich sind. Er ist eben überzeugt, dass er seine ehrgeizigen Ziele und die damit verbundenen Anforderungen nur schaffen kann, wenn alles straff durchorganisiert ist. Jede Abweichung und jede Nachlässigkeit birgt die Gefahr, dass die Disziplin einbricht. Sei es ein Kostenvoran-

schlag im Beruf oder der private Lebensmitteleinkauf –
sobald eine Tätigkeit länger dauert, als er dafür veran-
schlagt hat, bringt das seine gesamte Tagesstruktur durch-
einander. Unvorhergesehenes macht ihn zunehmend ungehalten. Einerseits lässt er im Plan keine Lücken, mit
denen er das auffangen könnte. Andererseits weiß er mittlerweile mit nicht verplanten Zeiträumen gar nicht mehr
umzugehen. David hält sich selbst an der ganz kurzen
Leine. In der Regel erfüllt er so zwar ein bemerkenswertes
Aufgabenpensum, doch werden Ungeduld und Anspannung bei ihm zum Dauerzustand. Menschen, die nicht so
perfekt organisiert sind, begegnet er zunehmend mit Un-
verständnis und Überheblichkeit.

Wie David haben viele Starke die Tendenz, sich unnach-
sichtig anzutreiben, zu kontrollieren und zu disziplinieren. Irrtümlicherweise verwechseln sie manchmal Selbstregulierung mit Ausdauer und Durchhaltevermögen um
jeden Preis. Sie geben sich oft keinen Raum, um loszulassen und zu entspannen, keine unverplante Zeit. Bewusst
oder unbewusst befürchten sie, dass ihnen alles entgleitet,
wenn sie ihren Gefühlen und Bedürfnissen nachgeben.
Das führt dazu, dass sie diese gar nicht erst wahrnehmen
oder zur Kenntnis nehmen. Gerade wenn sie sich selbst
lange ausgebeutet haben durch übermäßige oder mehrfa-
che Belastungen, glauben sie: »Wenn ich jetzt die Bremse
ziehe, rutscht mir alles aus den Händen. Dann verliere ich
die Kontrolle.« David hält sich aufrecht, indem er unbeirrt
sein Pensum durchzieht. Seine Befürchtung, dass alles zusammenbricht, sobald er an einer Stelle nachgibt, lässt Erholungszeiten und Mußestunden für ihn gar nicht zu.
Diese unnachgiebige Leistungsorientierung bringt jedoch
auf lange Sicht schlechte Laune, Verspannung und Erschöpfung. Um sich selbst gut zu regulieren, muss David

lernen, immer wieder den Wechsel zu schaffen zwischen Anspannung und Entspannung, zwischen Tätigkeit und Muße, zwischen Disziplin und Laissez-faire.

Handlungsfaktor »Beziehungen gestalten«

- *Kümmern Sie sich so viel um andere, dass Ihre eigenen Bedürfnisse dabei auf der Strecke bleiben?*
- *Neigen Sie dazu, sich in die Angelegenheiten anderer einzumischen und die Regie in deren Leben zu übernehmen, weil Sie es gut meinen?*
- *Können Sie ein Geschenk oder eine Gefälligkeit ohne Gegenleistung annehmen oder jemandem etwas schuldig bleiben?*

Missverständnis Nr. 6:
Resiliente Menschen kümmern sich um alle(s)

Christine arbeitet gerne in ihrem Beruf als Finanzbeamtin. Sich mit ihren Kollegen gut zu verstehen ist ihr sehr wichtig und sie tut auch viel dafür. Zu Hause lässt ihr Mann Hannes sich gerne von ihr verwöhnen, doch leidet Christine als überzeugter Familienmensch darunter, keine eigenen Kinder zu haben. Deshalb verbringt sie möglichst viel Zeit mit ihren beiden Nichten. Ihre Schwester Ulrike verlässt sich inzwischen darauf, dass Christine sich um die Hausaufgaben der beiden ebenso kümmert wie sie mit ihnen zum Schwimmen oder Eislaufen geht. Hannes mag die beiden Mädchen auch gerne, hält aber nicht mit seiner Meinung hinterm Berg, dass Christine sich von ihrer

Schwester ausnutzen lässt. Er regt sich auf, wenn Christine alles stehen und liegen lässt, weil sie gebraucht wird. Jederzeit springt sie als Ersatzmutter ein, auch wenn sie eigentlich eigene Pläne hatte. Manches Mal lässt Ulrike sich auch noch von ihr im Haushalt helfen, selbst wenn Christine sich schon stundenlang um die Kinder gekümmert hat. Langsam weiß Christine nicht mehr, wie sie den Spagat zwischen Beruf, den Vorstellungen ihres Mannes und den Erwartungen ihrer Schwester schaffen soll. Es kommt vor, dass sie gleich von der Arbeit zu Ulrike eilt und dann völlig kaputt nach Hause, damit auch Hannes zu seinem Recht kommt. An anderen Tagen schafft sie es nicht, wirklich in Ruhe mit Hannes zu Abend zu essen, weil Ulrike schon wartet.

Als Christine mit einem Bandscheibenvorfall außer Gefecht gesetzt ist, will sie sich von Ulrike nicht helfen lassen. Sie meint, ihre Schwester habe genug um die Ohren. Sie komme schon zurecht, und Hannes sei ja auch noch da. Den will sie allerdings in Wirklichkeit auch nicht beanspruchen. »Wenn du etwas für mich tun willst, dann kümmere dich lieber um die Mädchen, solange ich es nicht kann«, schlägt sie ihm vor. Dass die Schmerzen ihr zusetzen und dass sie Angst hat vor einer möglichen Operation, spielt Christine vor beiden herunter. Wenn sie bei ihrer Schwester anruft, lenkt sie das Gespräch gleich auf die Mädchen und gibt Ulrike Ratschläge, wie sie die Zeit überbrücken kann, bis sie wieder einsatzfähig ist.

Wir sind auf die Resonanz von anderen angewiesen. Ohne irgendeinen Zuspruch von außen entsteht in der Regel kein positives Selbstbild. Immer wieder geraten wir in Situationen, wo wir Unterstützung von anderen brauchen, ihre Rücksichtnahme, ihren Beistand oder ihre aktive Hilfe. Starke Menschen setzen sich oft sehr für andere ein und springen ohne zu zögern für sie in die Bresche. Fragwürdig wird das, wenn sie nicht helfen, weil jemand anderes das wirklich nötig hat, sondern weil sie selbst davon zehren, gebraucht zu werden. Der Wunsch, unentbehrlich zu sein, ersetzt dann ein wirklich starkes Selbstwertgefühl, das nicht des anderen bedarf, um sich selbst wichtig zu fühlen.

Was starke Menschen wie Christine häufig ausblenden, ist die Tatsache, dass Beziehungsgestaltung auf Gegenseitigkeit beruht. Nur da entstehen nahe und ebenbürtige Beziehungen, wo Geben und Nehmen in einem guten Gleichgewicht stehen, wo also auch der Starke bereit ist, zu schätzen und anzunehmen, was sein Gegenüber zu geben hat. Weder teilt Christine ihre Sorgen und Nöte mit ihren Familienmitgliedern, noch lässt sie sich von ihnen trösten oder versorgen. Stehaufmensch sein heißt nicht nur, aus eigener Kraft wieder aufzustehen. Genau das können ja viele Menschen nicht oder nicht mehr. Sie müssen es auch nicht immer. Sie können sich stärken lassen von anderen Menschen, die bereit sind, ihnen zur Seite zu stehen. Ermutigung, Hoffnung und Zuversicht wie auch konkrete Hilfestellung von außen sind manchmal nötig, um die eigenen Kräfte zu wecken. Starken Menschen fällt es jedoch oft sehr schwer, sich im richtigen Moment fallen zu lassen in den Beistand und die Fürsorge anderer.

Handlungsfaktor »Zukunft gestalten«

- *Haben Sie die Tendenz, alles »wegzuschaffen« und nichts liegen lassen zu können?*
- *Können Sie die Zukunft gelassen auf sich zukommen lassen oder glauben Sie permanent eingreifen zu müssen, um die Zukunft Ihrer Kinder/Eltern/ Firma zu sichern?*
- *Neigen Sie dazu, Vorhaben, die Ihnen am Herzen liegen, auf »später« zu verschieben, weil Sie zu beschäftigt mit anderen Dingen sind?*

Missverständnis Nr. 7:
Resiliente Menschen leben nach dem Motto
»Was du heute kannst besorgen ...«

Mareike wird von einigen Kollegen bewundert wegen der Tüchtigkeit und Entschlossenheit, mit der sie ihr Leben anpackt. Anders als die meisten schleppt sie selten Rückstände mit sich. Wenn sich auf ihrem Schreibtisch überhaupt einmal Stapel bilden, dann arbeitet sie diese ab, bevor sie ins Wochenende geht, egal wie lange es dauert. Auch zu Hause ist Mareike selten untätig. Mit ihrem Lebensgefährten Stefan hat sie ein wunderschön gelegenes altes Heuerhaus gekauft, das sie nach und nach zusammen restaurieren wollen. Wohnbereich und Küche sind schon fertig und nach ihrem Geschmack eingerichtet. Stefan möchte sich nun für das Weitere Zeit lassen. Er verliert langsam die Lust daran, die gesamte Freizeit mit der Renovierung zu verbringen.

Mareike aber kann und will sich noch nicht auf dem Erreichten ausruhen. Stefans Vorschlag, mal ein Wochenende wegzufahren, Freunde einzuladen oder einen Sonntag zu verbummeln, wimmelt sie ab: »Das können wir doch alles noch machen, wenn wir erst mal mit dem Haus fertig sind.« Sie spornt sich selbst immer wieder an, dranzubleiben, bis alles getan ist. Denn solange noch so vieles unfertig ist, kann Mareike sich am Erreichten nicht uneingeschränkt freuen. Sie versucht Stefan zu überzeugen, dass es sich lohnt, jetzt auf Freizeit zu verzichten: »Stell dir doch mal vor, wie toll das wird, wenn wir unsere Freunde durch das ganze Haus führen können!« »Dann sind wahrscheinlich der Garten und der Teich dran. Es wird doch immer irgend etwas nicht fertig sein«, fürchtet Stefan nicht zu Unrecht. Denn es fällt Mareike auch weiterhin schwer, sich trotz der Renovierungspläne mal ein erholsames Wochenende oder einen geruhsamen Feierabend zu gönnen.

Für viele starke Menschen liegt eine bedeutende Quelle für ihren Optimismus im Vertrauen auf eine bessere Zukunft. Manche träumen von einem anderen Leben »später«, sind allerdings in der Gegenwart zu beschäftigt, als dass sie Zeit und Energie übrig hätten, um die Weichen dafür zu stellen. Andere bringt die Aussicht, ehrgeizige Ziele zu erreichen oder Sicherheiten für die Zukunft zu schaffen, dazu, alle Kräfte aufzubieten, damit es auch so kommt. Das führt nicht selten dazu, dass sie sich in der Gegenwart über Gebühr verausgaben und manchmal regelrecht Gewalt antun – und gerade dadurch die gedachte und erhoffte Zukunft aufs Spiel setzen. Wie Mareike sind sie überzeugt, dass ihr Leben besser und schöner wird, wenn sie erst einmal erreicht haben, was sie sich vorgenommen haben. Manche glauben sogar, dass es dann erst richtig anfängt. Doch das kann sich als fatale Fehleinschätzung herausstellen. Natürlich ist es wichtig, dass wir uns Ziele setzen und sie verfolgen, wenn wir unsere Zukunft nicht dem Zufall überlassen wollen. Wenn es darauf ankommt, sollten wir auch in der Lage sein, einem wichtigen langfristigen Vorhaben den Vorrang einzuräumen, statt für eine schnelle Belohnung einem aktuellen Bedürfnis nachzugeben. Doch wer sich einseitig und ausschließlich darauf konzentriert, verpasst die Chancen und Freuden des Augenblicks.

Mareike kann von Stefan lernen, dass ihr Wunsch, die Zukunft zu gestalten, sie nicht ständig und dauerhaft die Gegenwart kosten muss. Langfristige Zielsetzung und Aufmerksamkeit für das aktuell Mögliche müssen sich nämlich nicht ausschließen, sondern können sich hervorragend ergänzen. In unserer Kultur sind tüchtige Menschen jedoch oft schon früh geeicht auf den Gedanken, dass morgen wichtiger ist als heute, und tun dann vorsorglich alle möglichen Dinge ausschließlich mit Blick auf die Zukunft. Wenn aber der Sinn des Daseins nur noch darin besteht, zu einem späteren Zeitpunkt Ziele zu erreichen, geht die Gegenwart verloren. Das Aufgehen im Augenblick, die Chancen des aktuellen Moments, die unbefangene Freude am Sein bleiben auf der Strecke.

3.2 Sieben effiziente Strategien

Leistungsstarke Menschen verfügen also grundsätzlich über die Strategien der Stehaufmenschen. Sie nutzen aber in der Regel zumindest einige davon einseitig, oder sie missverstehen, wie diese Aspekte sie selbst stärken können. Deshalb laufen sie Gefahr, dass sie aus der Balance kommen, dass ihr eigenes Resilienzprofil über längere Zeit ins Ungleichgewicht gerät. Gehören Sie zu den starken und einsatzbereiten Menschen, die dazu neigen, sich zu verausgaben? Dann können Sie die Aspekte von Resilienz neu verstehen und anwenden lernen, damit Sie selbst mit Ihren Stärken und Fähigkeiten, mit Ihren Schwächen und blinden Flecken nicht auf der Strecke bleiben. Dies ist natürlich einfacher und wirksamer zu erreichen, solange Sie noch präventiv handeln und nicht schon durch permanente Überforderung Ihre Selbststeuerungskompetenzen verloren haben. Überlastung und Stress schränken nämlich die Wahrnehmung und das Denken ein – ein Mechanismus, der uns in akuten Gefahrensituationen das Leben rettet. Als Dauerzustand kann er uns aber die Gesundheit und sogar das Leben kosten.

Strategie Nr. 1:
Optimismus – Zuversicht und Hoffnung trotz Schwierigkeiten und Krisen

Sandra ist die Beziehung zu ihren beiden Töchtern besonders wichtig, in ihre Erziehung investiert sie viel Zeit und Kraft. Selbst an Tagen, an denen sie als Lehrerin bis in den Nachmittag in der Schule ist, gibt sie sich viel Mühe, eine gesunde und ansprechende Mahlzeit auf den Tisch zu bringen und gemeinsam in Ruhe zu essen. Ihr Lebensgefährte Enno kann flexibler über seine Zeit verfügen als sie, beteiligt sich aber wenig an den Hausarbeiten. Er kümmert sich jedoch zuverlässig um seine Kinder, bringt sie zu einem Termin oder holt sie ab. Allerdings geht er nicht so mit ihnen um, wie Sandra es gut fände. Enno geht nicht so sehr auf ihre Stimmungen ein und versucht nicht zu ergründen, was sie beschäftigt. Eher bindet er sie in seinen eigenen Tagesablauf ein, lässt sie zuschauen, wenn er zu Theaterproben muss. Zu den wöchentlichen Besuchen bei ihren Eltern kommt Sandra nie mit leeren Händen. Sie versucht, sie mit kleinen Geschenken aufzuheitern, und findet fast immer Kleinigkeiten, die sie für sie erledigen kann, während sie zu Besuch ist. Ihren Schülern gegenüber verhält sich Sandra positiv und freundlich. Sie nimmt sie in ihren Eigenheiten wahr und freut sich, wenn sie sich motivieren lassen.

Sandra bewältigt ihren nicht gerade leichten Alltag meistens mit so viel positiver Ausstrahlung, dass alle sie für eine geborene Optimistin halten. Sie selbst hält sich auch dafür. Da sie aber selber immer am Drücker ist, kostet sie das unverhältnismäßig viel Kraft, besonders wenn wenig zurück kommt, wie es aus ihrer Sicht bei Enno und bei ihren Eltern ist. Sandras Optimismus nährt sich fast ausschließlich aus der Vorstellung, dass sie etwas bewegen kann, dass ihre Kräfte nie versiegen und dass sie stark genug ist, das alles zu schaffen. Das ist grundsätzlich eine starke Quelle. Das Problem liegt in der Ausschließlichkeit. Denn Sandra empfindet häufiger, dass sie eigentlich müde und erschöpft ist. Sie spürt, wie es dann immer schwerer wird, Zuversicht auszustrahlen. Wenn sie ihr sonniges Gemüt auf Dauer behalten und schützen will, wäre es gut, wenn sie sich noch andere Quellen erschließt, die diesen Optimismus stützen. Dafür könnte sie die Zuversicht gewinnen, dass sie als Tochter nicht weniger geschätzt wird, wenn sie sich nicht ständig nützlich macht. Die regelmäßigen Besuche bei ihren Eltern könnte sie dann ab und zu auch einmal als Atempause zwischen Beruf und Familie für sich nutzen. Sie könnte darauf vertrauen, dass ihre Töchter nichts an Zuwendung entbehren würden, wenn sie sich während ihrer gemeinsamen Zeit daran beteiligen, das Essen vorzubereiten oder danach die Küche aufzuräumen. Und dass es ihnen an nichts mangeln würde, wenn sie ihre Schulbrote für den nächsten Tag selber vorbereiten. Was ihren Mann betrifft, so könnte sie darauf vertrauen, dass er seine Elternrolle anders ausfüllt als sie und dass die Mädchen sicher ohne Schaden in der Lage sind, mit beiden Umgangsweisen zurechtzukommen.

Ohne Zuversicht und Hoffnung gerade in schwierigen und aussichtslos erscheinenden Lebenslagen könnten wir gar keine Kraft zum Handeln aufbringen. Diese optimistische Weltsicht – nicht dass alles nicht so schlimm ist, sondern dass es immer Hoffnung auf Veränderung und Besserung gibt – gewinnen Menschen aus unterschiedlichen Quellen. Ein weiteres Merkmal optimistischer Menschen ist ein gutes Selbstwertgefühl. Sie trauen sich etwas zu und sind überzeugt von ihrem Wert als Person, unabhängig davon, was ihnen widerfährt oder wie andere sie sehen. Viele einsatzfreudige Menschen verbinden ein positives Selbstbild wie »Ich bin wertvoll und kompetent« jedoch automatisch mit Ergänzungen wie »… wenn ich für andere da bin« oder »… wenn ich jederzeit alles im Griff habe«. Diese Bedingung relativiert die ursprüngliche Überzeugung, entkräftet sie sogar und macht sie zum Antreiber für Leistung statt zur Kraftquelle. Denn die Verknüpfung macht den eigenen Wert abhängig von der Zustimmung und Zuschreibung anderer.

Jeder Mensch verfügt über vielerlei Kräfte, Fähigkeiten und Möglichkeiten – mehr als andere ihm vielleicht zugestehen, auch mehr als er selber in jedem Augenblick bei sich erkennt. Ihre Zuversicht nähren Sie, wenn Sie lernen, sich auch auf diese nicht immer bewussten Fähigkeiten zu verlassen, und darauf vertrauen, dass sie sich im entscheidenden Moment einstellen. Ihr Selbstvertrauen stützen Sie, wenn Sie sich in Erinnerung rufen, dass Sie schon manche Hürden genommen und schwere Zeiten überstanden haben, ohne vorher genau zu wissen, wie. Zu glauben, immer volle Kraft voraus auf der Siegerstraße sein zu müssen, zeugt dagegen keineswegs von Optimismus, es hemmt ihn sogar. In Kräfte raubenden Lebenslagen brillante Höchstleistungen oder triumphierendes Gewinnergebaren zu erwarten ist gleichzeitig wirklichkeitsfern und erbarmungslos; solche Situationen wollen manchmal einfach überstanden sein.

Leistungsorientierte Menschen zeigen oft nach außen ein starkes Selbstbewusstsein, wirken resolut und unerschütterlich. Alles was dieses nach außen starke Selbstbild ins Wanken bringen könnte, blenden sie aus, unterdrücken oder leugnen es. Hinter der Fassade ihres starken Selbst verbergen sich aber nicht selten Zweifel, Erschöpfung und Ängste, ihren Verhaltensstil nicht aufrechterhalten zu können. Vielen KÜMMERERN legt ihr Wertesystem nahe, für andere da zu sein und sich mit ganzer Kraft einzusetzen, *statt* an sich selbst zu denken. Wenn Sie diese Alternativen als Gegensatz verinnerlicht haben, verbinden Sie Selbstsorge automatisch damit, dass Sie dann andere vernachlässigen oder sie im Stich lassen. FUNKTIONIERER ziehen ihre Energie häufig aus der Hoffnung, dass sie – im doppelten Sinne des Wortes – zu sich kommen können, nachdem sie alle Aufgaben und Aufträge auf ihrer mentalen oder realen To-do-Liste abgehakt haben. Falls Sie sich darin wiedererkennen, sind Sie wahrscheinlich nur dann zufrieden mit sich, wenn Sie allen selbst auferlegten Pflichten und sogar den nur vermeintlichen Erwartungen nachgekommen sind. Für MACHER ist die stärkste – und manchmal einzige – Quelle für Optimismus in der Regel die Gewohnheit, sich auf ihre eigenen Kräfte und ihre Handlungsfähigkeit zu verlassen. Finden Sie sich darin wieder, hängt Ihre gute Meinung von sich selbst vielleicht davon ab, dass Sie etwas Konkretes erreichen, sich nicht unterkriegen lassen oder niemals aufgeben.

Ist das Selbstwertgefühl aber auf einen einzigen Wert gebaut, kann auch eine einzige Kränkung es zusammenbrechen lassen.[5] In Krisen und nach Schicksalsschlägen ist es ganz normal, dass vorübergehend eine Quelle für das Selbstwertgefühl versiegt. Sind dann noch andere Quellen vorhanden, ist die Kränkung zwar nicht weg. Aber sie kann kompensiert werden, indem man seine Aufmerksamkeit auf die anderen Quellen richtet und daraus Hoffnung und Zuversicht schöpft. Das Bewusstsein, über mehrere, verschiedene Kraftquellen zu verfügen, lässt den Optimismus auch in schwierigen Zeiten nicht untergehen. Starke können ihn nähren, indem sie sich vergegenwärtigen, dass vieles seinen Lauf nimmt, auch wenn sie nicht eingreifen und sich nicht verausgaben. Sie brauchen die Zusicherung und die Erfahrung, dass ihr Wert nicht ausschließlich davon abhängt, dass sie Leistung bringen. Dann können sie ihren Ehrgeiz dazu nutzen, weitere Quellen für ein gutes Selbstwertgefühl auf- und auszubauen. Indem sie allem Leben mit mehr Achtsamkeit, Respekt und Mitgefühl begegnen, beginnen sie automatisch, auch für sich selbst mehr Wertschätzung zu empfinden.

Gedanken und Sätze, die wir immer wieder hören, selber sagen oder vor Augen haben, sinken auf Dauer in unser Unbewusstsein und entfalten dort ihre Wirkung. Sie können die unten aufgeführten Pinnwand-Memos in diesem Sinn für sich nutzen: Entscheiden Sie sich bewusst, welche

Sätze Sie entlasten, ermutigen oder motivieren, und prägen Sie sich diese immer wieder ein.

Wie Starke optimistisch bleiben

▶ Erschließen Sie sich Quellen für Optimismus außerhalb Ihrer eigenen Kräfte. Worauf können Sie noch bauen – auf andere Unterstützer, auf eine höhere Macht, auf den Lauf der Dinge?

▶ Rufen Sie sich Beispiele in Erinnerung, wo auch ohne Ihr Zutun – und vielleicht sogar gegen Ihre Erwartung – die Dinge gut ins Lot gekommen sind.

▶ Schließen Sie Freundschaft mit schwachen oder unerwünschten Anteilen Ihrer selbst. Üben Sie das Vertrauen, dass sie Ihren Wert als Person nicht schmälern.

▶ Gerade Zeiten, in denen Sie nicht so obenauf sind wie gewohnt, bieten Ihnen die Chance, Lichtblicke und Hoffnungsschimmer von anderen zu bekommen. Seien Sie offen für diese Erfahrung.

Strategie Nr. 2:
Akzeptanz – Schwächen, Begrenzungen und Misserfolge anerkennen und integrieren

Paul und sein Bruder Ferdinand haben zusammen mit ihrer Kollegin Anja eine Praxis für Physiotherapie gegründet. Kosten und Gewinne wollen sie teilen, sie gehen davon aus, dass jeder sich nach Kräften einbringt. Die Gemeinschaftspraxis ermöglicht ihnen einerseits, sich auf bestimmte Verfahren zu spezialisieren und den Patienten dennoch eine breite Behandlungspalette anzubieten. Andererseits versprechen sie sich von ihrer Zusammenarbeit gegenseitige Unterstützung und Entlastung und größere Freiheiten bezüglich der Arbeitszeiten. Paul und Ferdinand sind damit einverstanden, dass Anja an drei Nachmittagen frei hat. Dafür übernimmt sie verschiedene Abenddienste, weil dann ihr Mann die Tochter versorgt. Nach einiger Zeit hat Paul es sich so eingerichtet, dass er an den beiden anderen Nachmittagen wegbleibt. Ferdinand wird durch seine durchgängige Anwesenheit die Konstante in dem Trio und von Mitarbeitern wie von Kunden als der Chef wahrgenommen. In seinen Augen hat Paul anders als Anja keinen triftigen Grund in der Praxis kürzerzutreten. »Es reicht, dass deine Frau überspannt ist. Sie braucht für ihre ausgiebigen Mußestunden ja wohl nicht noch einen Babysitter«, sagt er einmal im Zorn. Pauls Vorschlag, Ferdinand könne ja ebenfalls weniger arbeiten, dann wäre wieder ein Gleichgewicht hergestellt, will dieser nicht gelten lassen. Er will seine Vision einer vorbildlichen Praxis auf höchstem Niveau verwirklichen und erwartet besonders von Paul vollen Einsatz. Der arbeitet zwar gerne als Physiotherapeut, will sich aber weder mit Fragen von Marketing oder Betriebswirtschaft befassen noch auf eine geregelte Freizeit verzichten. Immer häufiger gibt es darüber erbitterten Streit oder trotziges Schweigen. Anja fühlt sich zwischen den Fronten immer ungemütlicher und kommt an manchen Tagen nur noch mit Magenschmerzen zur Arbeit. Ihre vorsichtigen Beschwichtigungsversuche bewirken nur, dass sie noch mehr in die Auseinandersetzung hineingezogen wird. Sie fürchtet um ihr Arrangement, falls Ferdinand sich durchsetzt. Anja spielt mit dem Gedanken, sich durch eine Schwangerschaft für einige Zeit aus der Schusslinie zu bringen. Die Streitigkeiten eskalieren so, dass die gespannte Atmosphäre sich auch vor den Patienten nicht länger verbergen lässt. Ferdinand arbeitet immer verbissener, will aber nicht wahrhaben, dass sein immenser Arbeitseinsatz in Verbindung mit dem täglichen Ärger seine Gesundheit angreift. Auch Paul geht es schlecht. Er verhält sich immer defensiver, und sein Bestreben, Ferdinand aus dem Weg zu gehen, verleidet ihm die Arbeit.

Einem guten Freund verdanken sie schließlich die Wende. »Ihr habt euch sehr zu euren Ungunsten verändert«, konfrontiert er sie. »Wenn ihr so weitermacht, macht ihr euch beide kaputt, und die Praxis geht vor die Hunde.« Er rät ihnen zu einer Mediation, um aus der verfahrenen Situation wieder herauszufinden. Die Not gibt schließlich auch Ferdinand den letzten Schubs, sich darauf einzulassen. In der Mediation haben sie die Möglichkeit, sich über ihre unterschiedlichen Bedürfnisse und Interessen klar zu werden. Ferdinand fällt es besonders schwer, sich und den anderen einzugestehen, dass ihr Projekt gescheitert ist. Er ist es gewohnt durchzuziehen, was er einmal angefangen hat, und niemals aufzugeben. Schweren Herzens muss er akzeptieren, dass ihr Konstrukt in dieser Form ein Fehlschlag ist. Und er muss sich selbst akzeptieren als Beteiligter an diesem Misserfolg. Für Anja geht es darum einzugestehen, dass es ihr nicht gelungen ist, ihre Vorstellungen von Engagement und Zuverlässigkeit mit ihren Zeit- und Energieressourcen in Einklang zu bringen. Sie hat zu akzeptieren, dass sie die Erwartungen, die sie geweckt hat, nicht erfüllen kann. Paul muss mit sich darüber ins Reine kommen, dass er mit einer Praxisgründung und der Freiberuflichkeit seine Leiter an die falsche Mauer gelehnt hat. Seine wahren Ziele sind ganz andere, er möchte sich beruflich ausschließlich mit fachlichen Dingen befassen und legt großen Wert auf eine geregelte und großzügige Freizeit. Diese Akzeptanzarbeit schafft die Voraussetzung dafür, dass die drei ihre unterschiedlichen Bedürfnisse unter einen Hut bringen, statt sie zu bekämpfen. Sie einigen sich darauf, dass Ferdinand die Praxis übernimmt und in seinem Sinne aufbaut und führt. Paul und Anja stellt er als Physiotherapeuten ein. Und er sucht noch eine Mitarbeiterin, die ihn in Sachen Werbung und Organisation unterstützt.

Was den Resilienzaspekt Akzeptanz angeht, haben starke Menschen verschiedene »Baustellen« und damit auch Entwicklungsmöglichkeiten. Tatkräftigen MACHERN fällt es oft nicht leicht hinzunehmen, dass sie nicht alles im Galopp durchorganisieren und wegarbeiten können. Dinge, die sie selbst ohne große Schwierigkeiten handhaben, Einschnitte, die sie ohne Getue verkraften, und Situationen, in denen sie selbstverständlich beherzt handeln, können für andere zunächst einmal ein erhebliches Problem darstellen. Dies ohne Bewertung oder gar Abwertung wahrzunehmen ist eine echte Herausforderung. Macher fühlen sich oft über Gebühr genervt und ausgebremst von Leuten, die nicht mitziehen und ihren Aktionismus unterlaufen: zögerliche Bedenkenträger oder verträumte Trödler beispielsweise.

KÜMMERER tun sich dagegen eher schwer zu akzeptieren, wenn andere sich nicht helfen lassen wollen oder uneinsichtig gegenüber gut gemeinten Vorschlägen sind. Wohlwollend zu akzeptieren oder es gar zu begrüßen, dass jemand sich lieber allein oder auf umständliche Art durchwurstelt, obwohl sie eine einleuchtende und annehmbare Lösung zu bieten haben, ist für sie eine nicht zu unterschätzende Aufgabe. Eine große Herausforderung an ihre Bereitschaft zur Selbstakzeptanz liegt für Kümmerer in allen Situationen, in denen sie selbst bedürftig und auf Hilfe angewiesen sind.

FUNKTIONIERERN ist ihr Bestreben im Weg, alles zu erledigen und die Erwartungen zu erfüllen – ihre eigenen und die von außen. Es fällt ihnen schwer zu akzeptieren, dass der Umfang ihrer To-do-Listen ihre Zeit- und Energiereserven in der Regel übersteigt und dass daher unvermeidlich immer wieder Dinge unerledigt bleiben. Funktionierer fühlen sich unzulänglich, wenn sie ihr geplantes Pensum nicht schaffen, und können sich dann selbst nicht akzeptieren. Fragt jemand nach, ob eine bestimmte Sache erledigt ist, oder erinnert sie daran, fühlen sie sich schnell dadurch kritisiert. Sie wollen sich auf keinen Fall Faulheit oder Nachlässigkeit vorwerfen lassen. Funktionierern fällt es schwer zu akzeptieren, dass ihre Ressourcen und ihre Entscheidung über Prioritäten nicht immer den Erwartungen und Vorstellungen anderer entsprechen.

Ihr hoher Energielevel ermöglicht starken Menschen, an vielen Fronten gleichzeitig zu kämpfen. Unerwartete oder ungewünschte Situationen packen sie eher resolut an, als dass sie mit Geduld zu ertragen und anzunehmen lernen, was sich nicht ändern lässt. Würden sie sich bei den entsprechenden Gelegenheiten ihre Machtlosigkeit eingestehen, käme ihr auf Stärke gegründetes Selbstbild ins Wanken. Überschätzen Sie auch manchmal Ihren Einfluss und Ihre Kräfte? Es entlastet Sie und verschafft Ihnen Luft, wenn es Ihnen hier und da gelingt, äußere Gegebenheiten, Menschen in Ihrem Umfeld, aber auch sich selbst so zu lassen, wie sie sind. Akzeptanz bedeutet keineswegs Resignation oder Phlegma. Akzeptanz bedeutet, die Realitäten anzuerkennen und sich dann zu fragen: »Wo lenke ich meine Kräfte hin?« Es liegt an Ihnen, ob Sie Ihre Energiereserven im Kampf gegen das nicht Beeinflussbare vergeuden oder für die Gestaltung des Machbaren zusammenhalten.

Starke Menschen wirken häufig selbstbewusst und zielstrebig. Daher registrieren die Menschen in ihrer Umgebung mit Erstaunen, dass gerade sie es häufig nicht schaffen sich klar gegen ausgesprochene und unausgesprochene Erwartungen und Forderungen zu entscheiden. Wenn sie Ja sagen, wo sie eigentlich Nein meinen, tun sie dies oft, weil sie mögliche Konsequenzen vermeiden wollen. Sie wollen nicht, dass die Kollegin beleidigt ist. Der Chef soll nicht denken, sie seien nicht belastbar. Lieber bessern sie selbst nach oder machen Überstunden. Macher verhalten sich so, um nicht alt auszusehen. Kümmerer tun es, weil sie Sympathie und Anerkennung nicht verlieren wollen. Funktionierer sind verunsichert, wenn sie nicht abschätzen können, ob sie das Richtige tun und wie die anderen reagieren. Es ist verständlich: Die meisten Menschen wollen gemocht werden, als unersetzlich gelten, keinen brüskieren, sich nichts vorwerfen lassen. Aber es ist ein zweischneidiges Verhaltensmuster: Es geht einher damit, die Grenze der eigenen Kraft immer wieder zu überschreiten. Haben Sie sich dieses Verhaltensmuster zu eigen gemacht, dann brauchen Sie die Einsicht und die Akzeptanz, dass Sie es niemals allen werden recht machen können, wie sehr

Sie sich auch anstrengen. »Wer seine Bedürfnisse permanent zurückstellt, vernachlässigt sich selbst und ist irgendwann ausgelaugt, lädt seine Batterien nicht mehr auf. Dass sie sich zu viel zumuten, merken viele erst an den Folgeerscheinungen«, sagt Psychologieprofessor B. Leplow von der Universität Halle-Wittenberg.[6] Wird die Überforderung chronisch, kann sie krank machen: Verspannungen, Tinnitus, Bluthochdruck sind nur einige der möglichen Nebenwirkungen.

Akzeptanz gewinnt nur, wer loslassen kann. Dabei liegt der Fokus weniger darauf, was zu tun ist, als darauf, was gelassen werden kann und damit zu Gelassenheit führt. Leistungsorientierte Menschen sind immer am Drücker. Akzeptanz ist für viele von ihnen ein fremder Kontinent: Sie wissen, dass er existiert, es zieht sie aber wenig dahin, und sie haben keine Vorstellung, was sie dort sollen. Ihre Aufmerksamkeit richtet sich darauf, wie sie die von ihnen selbst und von anderen auferlegten Aufgaben und Verpflichtungen, aber auch verlockende Herausforderungen noch besser und effizienter bestehen können. Die Frage, was davon sie sein lassen könnten, wehren sie vehement ab, weil sie ihr ganzes Konstrukt ins Wanken bringt. Doch wenn wir das, was uns nicht oder nicht mehr guttut, nicht loslassen, wird es zur Dauerbelastung. Unsere Lebensenergien versiegen, wenn wir uns nicht verabschieden von inneren Werten und Überzeugungen, die nicht mehr stimmig sind, wenn wir überfällige Beziehungen zu Menschen und Dingen nicht beenden.

Beenden können ist eine wichtige Kompetenz, um das eigene Leben selbstverantwortlich zu gestalten. Ein erster Schritt ist zu akzeptieren, dass Beenden auch Angst macht. Wir haben Angst vor der Leere, die sich möglicherweise einstellt, und vor dem Neuen, das wir dann angehen und auf das wir uns einlassen müssten. Zudem ist es nicht leicht, sich erst einmal einzugestehen, dass man sich falsch entschieden oder etwas falsch eingeschätzt hat. An Personen des öffentlichen Lebens erkennen wir oft sehr klar, wie bedauernswert es ist, wenn man nicht loslassen kann. Geht es um uns selbst, haben wir in dieser Hinsicht oft einen blinden Fleck. Wir klammern uns an einmal gefasste Ziele und Vorgehensweisen, obwohl sie längst aussichtslos geworden sind und nur noch Kraft kosten oder Verluste einfahren. Rechtzeitig aufhören, ein misslungenes, verlustreiches oder nicht realisierbares Vorhaben – wenn auch schweren Herzens – aufgeben, das erfordert gerade von starken Menschen eine stille Größe. Eingeständnisse wie »Ich kann nicht mehr«, »Ich habe mich geirrt«, »Ich habe aufs falsche Pferd gesetzt« oder »Dafür bin ich jetzt zu alt« kommen den meisten von ihnen nur schwer über die Lippen.[7]

Niederlagen und Scheitern zu akzeptieren fällt Starken besonders schwer. Schließlich sind viele von ihnen ein Leben lang darin geübt, nicht aufzugeben. Doch genau das ist in ihrer Situation eine wichtige Fähigkeit für Resilienz. »Stärke bedeutet nur zu einem Teil durchhalten, sich nicht unterkriegen lassen. Stärke bedeutet auch: loslassen, aufgeben, scheitern können.«[8] Scheitern ist schmerzlich. Wenn eine Hoffnung zerbricht oder ein Lebenskonzept sich in Luft auflöst, geht das mit Ängsten, Trauer und oft auch Zorn einher. Doch genau darin liegen gleichzeitig die größten Möglichkeiten für inneres Wachstum. Wer sich von Illusionen und falschen Erwartungen verabschiedet, der nimmt Rückschläge auf lange Sicht nicht nur als Tragödien wahr, sondern entdeckt im Scheitern die Grundlage für einen Neuanfang und gereiftes Selbstbewusstsein.

Manchmal beweist sich Stärke also gerade darin, bedeutsame Ziele und Vorhaben aufzugeben. Haben Sie schon einmal die Erfahrung gemacht, dass Sie sich immer noch mehr aufladen oder aufladen lassen, obwohl Sie schon erschöpft sind und keine Freude mehr an Ihrem Tun haben? Nehmen Sie lieber Ihre Überlastung in Kauf, als einen einschneidenden Kurswechsel vorzunehmen? Akzeptieren zu lernen, dass sich nicht alle wohlüberlegten Pläne verwirklichen lassen, und damit fertig zu werden, dass Lebensträume nicht in Erfüllung gehen, obwohl ich mich sehr dafür angestrengt habe, ist für Resilienz mehr wert als das verbissene Kämpfen um jeden Preis. Mit dem in westlichen Ländern geltenden Motto »Gewinner geben nie auf, und wer aufgibt, ist kein Gewinner«,[9] ist Versagen zu einem Tabu geworden. Natürlich scheitern Menschen trotzdem, aber sie können oft die Chance, die in der Niederlage liegt, nicht nutzen, weil nicht sein kann, was nicht sein darf. Im Buddhismus dagegen gilt das »Nicht–Anhaften« als eine wichtige Disziplin für ein gelingendes Leben.

Pinnwand-Memos

▨ Akzeptanz braucht Zeit.
▨ Ich akzeptiere, dass ich meine Kräfte überschätzt habe.
▨ Ich akzeptiere, dass ich nicht allen immer eine Freude bin.

Wie starke Menschen an Akzeptanz gewinnen

▶ Machen Sie eine Aufstellung, welche mehr oder weniger Kräfte raubenden Aktivitäten und Beziehungen Sie aufrechterhalten. Notieren Sie bei jedem Posten, was Sie damit bewirken. Entscheiden Sie sich, wenigstens eine Sache davon sein zu lassen und mit den Konsequenzen zu leben.

▶ Finden Sie allein oder mit einer Person Ihres Vertrauens heraus, in welchen Punkten Sie sich mit sich selbst (Ihre Lebensgeschichte, Ihr Äußeres, Ihre Talente ...) noch nicht versöhnt haben. Beginnen Sie, sich damit anzufreunden. Lassen Sie sich Zeit, aber bleiben Sie dran.

▶ Finden Sie heraus, was die Menschen in Ihrem Umfeld sich von Ihnen versprechen. Machen Sie sich klar, was Sie selbst dazu beigetragen haben. Entscheiden Sie, welche Erwartungen Sie ab sofort nicht (mehr) erfüllen. Gestehen Sie den Betroffenen zu, das nicht gutzuheißen.

▶ Machen Sie sich bewusst, wozu vergangene Rückschläge und Enttäuschungen am Ende gut waren. Üben Sie, sich Misserfolge und Niederlagen einzugestehen und erhobenen Hauptes anzunehmen. Bitten Sie vertraute Menschen um Bestärkung und Ermutigung dabei und belohnen Sie sich auch für kleine Schritte.

Strategie Nr. 3:
Lösungsorientierung – Spielraum für innovative und individuelle Lösungen vergrößern

Ricarda arbeitet seit nahezu zwanzig Jahren als Pflege-
dienstleiterin in einer Senioreneinrichtung. Im Zuge von
Umstrukturierungen ihres Trägers übernimmt sie für einige
Zeit zusätzlich die Leitung der Kurzzeitpflege. Was als
kurzfristige Übergangsmaßnahme gedacht ist, wird zum
Dauerzustand, Ricarda pendelt zwischen zwei Dienststel-
len hin und her. Es scheint immer dort zu brennen, wo sie
gerade nicht ist. An beiden Orten klagen die Pflegekräfte,
sie sei nie greifbar, wenn sie gebraucht werde. Um die Mit-
arbeiterinnen zufriedenzustellen, startet Ricarda in beiden
Häusern an ihren Anwesenheitstagen die morgendliche
Dienstbesprechung mit einer Runde, in der alle aktuellen
Probleme und Fragen geäußert werden können. In der
Kurzzeitpflege vergeht bald die gesamte Besprechungszeit
damit, dass die Beteiligten alle kleinen und großen Probleme, die sie haben, in die Manege werfen und warten, dass
Ricarda ihnen eine Lösung vorschlägt. Manchmal kann sie
nicht fassen, welche Kinkerlitzchen viele Kollegen zum
Problem erklären. Für Ricarda liegt die Lösung ganz oft auf
der Hand, was sie auch ihrer langen Erfahrung zuschreibt.
Sie überträgt das, was sich bei den Teams im Altenheim bewährt, kurzerhand auf die Kurzzeitpflege. Diese unterliegt
aber anderen Bedingungen, die Mitarbeiter haben andere
Geschichten und Erfahrungen und sind einen anderen Füh-
rungsstil gewohnt. So kommt sie ihrem Ziel, dass die Mitarbeiter zumindest ähnlich gelagerte Probleme selbst lösen,
nicht näher.

Das Gegenteil scheint der Fall zu sein: Die meisten beschränken ihre Beteiligung darauf, alle möglichen Ein-

wände gegen Ricardas Vorschläge zu erheben. Ricarda fühlt sich allmählich ausgelaugt und ausgepowert. Gleichzeitig fühlt sie sich in ihrer Führungsrolle verantwortlich dafür, die Probleme ihrer Mitarbeiter zu lösen. Für ihre eigene Entlastung, aber auch für die Entwicklung der Problemlösefähigkeiten der Mitarbeiter wäre es effektiver, wenn Ricarda sich mit schnellen Vorschlägen zurückhalten könnte. Denn nur wer eine Situation als Problem empfindet, kann auch darauf kommen und beurteilen, welche Lösungen geeignet sind, es zu verkleinern oder verschwinden zu lassen. Wer wie Ricarda von sich verlangt, ständig und sofort eine Lösung parat zu haben, kann nicht kreativ sein, sondern spult eilig immer die gleichen Lösungsmuster im gewohnten Rahmen ab. Was an einer Stelle und für bestimmte Personen funktioniert, muss aber nicht das Nonplusultra in anderen Situationen oder für andere Menschen sein. Neue Einfälle und passgenaue Lösungen kommen nur zustande, wenn wir uns Zeit lassen und unserem Unterbewusstsein die Chance geben mitzuwirken. Unter seelischem Druck und Stress hingegen folgen wir auch noch dann eingefahrenen Wegen und automatisierten Mustern, wenn sie nicht oder nicht mehr zum Ziel führen.

Sich mental in Richtung Lösungen zu orientieren bedeutet also nicht, sofort und am laufenden Band Lösungen zu produzieren. Starke und tatkräftige Menschen haben zwar oft von sich selbst den Eindruck, dass sie diesen Resilienzaspekt sehr stark ausgeprägt haben, weil sie tagtäglich Lösungen hervorbringen, für sich und für andere. Tauchen irgendwo Probleme auf oder werden an sie herangetragen, fühlen MACHER sich aufgerufen, umgehend Abhilfe zu schaffen. Als Tatmenschen nehmen sie dann die Dinge in die Hand, regeln sie häufig auch über die

Köpfe der Beteiligten hinweg. Geduldig auf passende Lösungen hinzuarbeiten, sie sich in Ruhe entwickeln und reifen zu lassen, erscheint ihnen zögerlich und antriebslos. Die tieferen Bedürfnisse aller Betroffenen auszuloten und einzubeziehen in die Lösungsfindung ist Machern meist zu langwierig und umständlich. Ihre Gewohnheit, bei Schwierigkeiten in erster Linie zu handeln, lässt sie ungeduldig werden, wenn konkrete Maßnahmen auf sich warten lassen.

Für FUNKTIONIERER ist Problemlösung dagegen eher eine Denksportaufgabe. Vorhersehbaren Problemen rücken sie mit den Mitteln von Logik und Struktur zu Leibe. Auf vorhersehbare Schwierigkeiten sind Funktionierer oft schon eingestellt, weil sie gern vorausdenken und auf alle Eventualitäten vorbereitet sind. Sie haben Plan B und C parat, für den Fall, dass X oder Y eintritt. Tauchen Probleme so plötzlich und unerwartet auf, dass spontan reagiert werden muss, sind Funktionierer irritiert, bis sie die Situation in ihr System eingeordnet haben. Sie produzieren vernünftige und pragmatische Lösungen, indem sie ihren Verstand und ihr Organisationstalent einsetzen. Dabei vernachlässigen sie manchmal, dass effiziente Problemlösungsprozesse auch mit dem Unterbewusstsein verarbeitet werden.

KÜMMERER scheinen geradewegs dazu einzuladen, dass man Probleme bei ihnen abgibt und dafür Lösungen mitnimmt. Sie neigen dazu, sich die Probleme anderer aufzubürden und sie zu ihren eigenen zu machen. Ein Grundsatz von Steve de Shazer, dem Entwickler der lösungsorientierten Beratung, ist aber: »Nur wer das Problem hat, hat auch die Lösung.«[10] Es nutzt also nichts, sich anstelle anderer den Kopf zu zerbrechen. Denn wir produzieren dann immer nur Ideen, die unserem eigenen Verständnis und unserem subjektiven Erleben der entsprechenden Situation entspringen. Das entspricht aber keineswegs der Perspektive des Gegenübers und ist deshalb für diesen auch nicht unbedingt passend und hilfreich. Gleichzeitig verführt es die »Problembesitzer« dazu, sich in bequemer Konsumhaltung zurückzulehnen. Sie zerpflücken einen Vorschlag nach dem anderen, während die Kümmerer sich immer mehr anstrengen, um doch noch eine akzeptable Idee zu finden. Für Kümmerer kann also die Herausforderung beim Aspekt Lösungsorientierung gerade darin bestehen, das gewohnte hilfreiche an die Seite springen zurückzunehmen. Unterstützung kann bedeuten, einen Spielraum zu schaffen oder zuzulassen, in dem andere im eigenen Tempo und in eigener Verantwortung zu ihrer individuellen Lösung kommen. Dazu zählt außerdem, sie zu ermutigen, diese eigene Lösung umzusetzen, auch wenn man selbst diesen Weg umständlich oder unverständlich findet.

Stehen Starke so unter Druck, dass sie ihre Automatismen abspulen, sind ihre Lösungsansätze bei allem Improvisationsvermögen meist nicht besonders innovativ. Auch wenn es um Lösungen für ihre eigenen Lebenssituationen geht, greifen sie in der Regel zu Kombinationen aus gewohnten Ansätzen. Wirklich Neues auszudenken und ganz andere Wege zu wagen als die gewohnten birgt immer das Risiko des Misserfolgs, der gerade für Starke nicht zu ihrem Selbstbild passt. Wie schon beim Resilienzaspekt Akzeptanz gesagt, lassen sich Erfahrungen des Scheiterns aber ohnehin nicht vermeiden. Große Ziele stellen sich als unerreichbar heraus, Wunschträume zerplatzen, Pläne werden durchkreuzt. Irgendwann in seinem Leben wird jeder einmal zum Loser, wenn auch in unserer erfolgsorientierten Gesellschaft für Misserfolge kein Platz zu sein scheint. »Bauchlandungen sind schmerzhaft, und alle stieben sogleich auseinander, um den Aufprall des Scheiternden aus sicherer Entfernung [...] anzusehen. Mit Verlierern zeigt man sich nicht – die Furcht vor Ansteckung ist zu groß.«[11] Doch Scheitern ist nicht ansteckend. Scheitern ist eine elementare Lebenserfahrung, in der sich substanziell neue Lösungsansätze verbergen, wenn sie entsprechend verarbeitet wird. Nur wer lösungsorientiert damit umgehen kann, ein Vorhaben oder einen Wunsch aufgeben zu müssen, erkennt den Gewinn, der im Scheitern liegt.

Viele wollen mit der Illusion »Mir passiert das nicht« Misserfolge und Versagen um jeden Preis ausschließen. Doch damit engen sie ihren Spielraum für Entwicklung und Fortschritt bis zum Stillstand ein. Viele Entdecker, Erfinder und große Geister haben immer wieder Niederlagen einstecken und Rückschläge hinnehmen müssen, bis sie der Welt eine neue Errungenschaft oder Erkenntnis präsentieren konnten. Ohne diese Rückschläge hätten sie das Neue aber gar nicht entwickeln können. Jede Bewegung in eine andere Richtung bringt Perspektiven und Alternativen mit sich, die sich ansonsten nicht erschlossen hätten. Jeder einzelne Schritt, jede kleine Veränderung bringt mich zu einem neuen Ausgangspunkt. Dafür ist die Bereitschaft notwendig, sich auf solche Schritte einzulassen, ohne schon genau zu wissen, wohin sie einen am Ende führen werden. Meist lässt sich nämlich erst im Rückblick nachvollziehen, welcher Beitrag zu einer am Ende als optimal bewerteten Lösung in einzelnen Maßnahmen und Aktionen gesteckt hat. Rückschläge und Misserfolge erscheinen so in einem neuen Licht: Ich habe etwas getan. Ich habe eine Erfahrung gemacht. Ich weiß jetzt mehr, auch darüber, was nicht funktioniert. Gerade leistungsstarken Menschen fällt es schwer, solche Umwege nicht nur in Kauf zu nehmen, sondern sie zu schätzen und zu würdigen. Sie sind es gewohnt, zügig und pragmatisch Ziele anzupeilen und schnell zu erreichen.

Vielleicht haben Sie wie viele Leistungsträger verinnerlicht, dass Sie bessere Ergebnisse erzielen, wenn Sie nur schneller und härter arbeiten. In Wahrheit aber führen permanent überzogene Forderungen nur zu immer mehr Druck und immer weniger Zeit. Die Schraube dreht sich zu: Irgendwann ackern Sie wie verrückt und erreichen immer weniger. Mit steigendem Einsatz und wachsendem Stress werden Menschen nämlich zwar zunächst produktiver – jedoch nur bis zu einem Scheitelpunkt, dem Leistungsoptimum. Ein Mehr an Aufwand und Anstrengung bewirkt nichts mehr; doch nicht nur, dass die Leistung stagniert, sie fällt sogar ab. Schlimmstenfalls entsteht so ein Burn-out-Syndrom.[12]

Es geht nicht darum, Dienst nach Vorschrift zu propagieren oder Bequemlichkeit und Antriebslosigkeit das Wort zu reden. Davon sind die starken und stark belasteten Menschen ohnehin weit entfernt, sonst wären sie ja nicht so belastet. Es geht um effizientes Arbeiten und gesundes Engagement. Es kommt nicht auf die größtmögliche Anstrengung an, sondern auf die Effizienz der Mittel. Lösungsorientierung heißt, auch im Hinblick auf die Methoden flexibel und innovativ zu sein. Es gilt immer wieder zu überprüfen, ob Aufwand und Einsatz der Mittel angemessen und zielführend sind, und dies gegebenenfalls zu korrigieren. Was lange richtig war, kann in der Krise falsch sein, auch wenn alle anderen es tun. Wer in Ruhe auch die Auswirkungen mitbedenkt, die bestimmte Entscheidungen nach sich ziehen, wenn die Krise überwunden ist, schützt sich vor Kurzschlusshandlungen, die langfristig Nachteile mit sich bringen oder weitere Probleme verursachen.

Schnelle Patentlösungen vernachlässigen häufig einige Aspekte der Sachlage oder werden der Besonderheit einer komplexen Situation nicht gerecht. Es ist kein Zufall, dass prompt geäußerte Lösungsansätze häufig zunächst abgelehnt oder verworfen werden – ungeachtet ihrer inhaltlichen Qualität. Sich auf Lösungen zu fokussieren bedeutet, zuerst die Kriterien zu erkennen und zu benennen, was diese Lösungen im Einzelfall erfüllen und sicherstellen sollen. Damit ist die Suchrichtung definiert. Wenn erst einmal klar ist, worauf es jeweils am Ende ankommt, kann man Kopf und Herz auch für ungewohnte Ideen öffnen, sie auf sich wirken lassen und sich schließlich für die im Augenblick stimmigste entscheiden.

Pinnwand-Memos

■ Die optimale Lösung taucht auf, wenn man es am wenigsten erwartet.
■ Individuell maßgeschneiderte Lösungen haben Vorrang vor vorgefertigten Patentlösungen.
■ Kommt man vom Fleck, ist man über den Berg.[13]

Wie starke Menschen ihre Lösungskompetenz optimal einsetzen

▶ Lassen Sie sich von anderen inspirieren, aber entscheiden Sie sich individuell, was genau für Sie und speziell für diesen Fall eine gute Lösung wäre.

▶ Haben Sie Geduld, wenn die genau passende Lösung noch nicht in Sicht ist. Machen Sie sich bewusst, dass vorläufige Lösungen Ihnen Luft verschaffen können, bis Sie eine wirklich zufriedenstellende gefunden haben.

▶ Lassen Sie sich nicht drängen, unter Zeitdruck oder Stress eine gravierende Entscheidung fällen zu müssen. In akuten Gefahrensituationen sind wir gar nicht in der Lage, mehrgleisig zu denken.

▶ Prüfen Sie immer mal wieder, ob es noch einfachere Methoden gibt, zum Ziel zu kommen. Sammeln Sie mögliche (und unmögliche) Maßnahmen und entscheiden Sie erst dann, welche Ihnen das Leben erleichtern würden.

Gestehen Sie all das auch den Menschen zu, mit denen Sie es zu tun haben.

Strategie Nr. 4:
Die Opferfallen erkennen und für sich selbst
Verantwortung übernehmen

Christine ist in der Personalabteilung ihres Konzerns für die innerbetriebliche Aus- und Fortbildung zuständig. Sie ist sehr engagiert und zuverlässig. Besonders am Herzen liegen ihr die Auszubildenden aus den verschiedenen Berufsgruppen. Deren Werdegang begleitet sie sehr aufmerksam und einfühlsam. Wenn sie im Laufe der Ausbildung verschiedene Abteilungen durchlaufen, achtet Christine sehr darauf, dass sie beim Wechsel einen guten Start haben und gut aufgenommen werden. Das Ausbildungskonzept hat sie mehrfach überarbeitet und dabei immer wieder optimiert. Alles spricht dafür, dass Christine nach der Pensionierung ihrer kränkelnden Chefin Frau Kaufmann deren Nachfolge antritt. Diese Aussicht verstärkt noch ihre grundsätzliche Bereitschaft, viele Aufgaben von Frau Kaufmann jetzt schon zusätzlich zu übernehmen, ohne dass sie bei ihren eigenen Aufgaben entlastet würde. Die damit verbundenen häufigen Überstunden und die nur schwer überschaubare Aufgabenfülle lösen bei Christine jedoch auf Dauer Gereiztheit und Erschöpfung aus. Immer häufiger kann sie sich abends zu nichts mehr aufraffen, als vorm Fernseher einzuschlafen und sich irgendwann ins Bett zu schleppen. Doch sie fühlt sich Frau Kaufmann verpflichtet und will gleichzeitig unter Beweis stellen, dass sie auch dieser Position gewachsen ist. Christine geht davon aus, dass dieses Konstrukt, das ihre Überlastung auslöst, vorübergehend ist; sie betrachtet es als Preis für die anstehende Beförderung. Bis dahin redet sie sich ein, durchhalten zu können. Schließlich muss der Laden ja laufen. Ihr ist klar, wenn sie erst einmal offiziell das Sagen hat, wird sie die Arbeit für alle effizienter organisieren, sie hat da schon einige Ideen.

Als der Zeitpunkt von Frau Kaufmanns Pensionierung gekommen ist, bittet der Abteilungsleiter Christine, die kommissarische Leitung zu übernehmen, bis alle Formalien für die Neubesetzung geregelt seien. Christine sieht sich in ihrer Erwartung bestätigt. »Auf ein paar Wochen kommt es jetzt auch nicht mehr an, die kriege ich auch noch gewuppt«, sagt sie sich. »So kurz vorm Ziel werde ich schon nicht schlapp machen.« Als der Personalleiter sie nach einigen Monaten zu einem offiziellen Termin in sein Büro bittet, erwartet sie endlich die offizielle Bestätigung ihrer Beförderung inklusive Gehaltserhöhung. Doch der Personalleiter teilt ihr freundlich mit, dass man die Position mit Herrn Nannen besetzen werde. Er schätze sie und ihre Arbeit, und deshalb biete er ihr eine Aufstiegschance in der Fertigungsabteilung an. Die Leitung dort habe mehrfach in kurzen Abständen gewechselt. Daher sei ihr Talent zu Teambildung und Mitarbeiterentwicklung dort gefragt, während beides in ihrer jetzigen Abteilung ja bereits gut ausgeprägt sei. Dieser Erwartungsbruch bringt Christine aus der Fassung. »Ausgerechnet der Nannen, der die Arbeit nicht erfunden hat!«, schießt ihr durch den Kopf. »Erst seit einem halben Jahr da, aber schon eine große Klappe in den Besprechungen. Immer schön darauf geachtet, keine Überstunden vor sich her zu schieben, und anscheinend hinter meinem Rücken mit dem Abteilungsleiter gekungelt. Und jetzt fährt er die Ernte meiner Arbeit ein, übernimmt ein gut harmonierendes und effizient arbeitendes Team und ein ausgereiftes Konzept.« Christine versucht sich nicht anmerken zu lassen, dass sie den Tränen nahe ist. Als junge Führungskraft in einer Abteilung starten zu müssen, in der sie weder die Mitarbeiter kennt noch in der Thematik zu Hause ist, ist also der Dank dafür, dass sie sich monatelang, jahrelang ein Bein ausgerissen hat, damit ihr Team auch unter den defizitären Bedingungen funktionieren konnte.

All das muss ihr Mann sich immer wieder anhören, denn nur zu Hause macht Christine ihrem Ärger und ihrer Empörung Luft, dass man sie so schamlos ausgenutzt hat. Schließlich platzt ihm der Kragen: »Ich kann's nicht mehr hören! Du bist selbst nicht ganz schuldlos daran. Du hast doch die ganzen Überstunden gemacht, ohne zu klären, wie du dafür entlohnt wirst! Und du hast geglaubt, du könntest das alles alleine schaffen! Für jeden Auszubildenden hättest du dich mehr eingesetzt als für dich selbst! Bevor du dich über alle anderen aufregst, sieh lieber zu, was du für dich jetzt willst.«

An seiner Wahrnehmung und seiner Sichtweise ist etwas dran, das sieht nach einer Weile sogar Christine schweren Herzens ein. Durch ihren unverhältnismäßigen Einsatz hat sie sich selbst zum Opfer gemacht. Stillschweigend ist sie davon ausgegangen, dass sie dafür in Form der gewünschten Beförderung entschädigt wird. Doch sie hat nicht vorher geklärt, ob ihre Vorannahmen sich mit den Absichten der übergeordneten Hierarchieebenen decken. Wenn man sich verschleißt und keine Grenzen kennt, dann trägt man als erwachsener Mensch dafür selbst die Verantwortung. Das ist die bittere Erkenntnis, die Christine aus dem Ganzen gewinnt. Ihren Auszubildenden wird sie nicht müde einzutrichtern, dass es keine Schande ist, etwas nicht zu können oder zuzugeben, dass man überfordert ist. »Ihr seid aber dafür verantwortlich, wie ihr damit umgeht. Nur wenn ihr deutlich sagt, was los ist, kann man euch helfen, einen gangbaren

Weg zu finden.« Für Christine selber scheint diese Maxime aber nicht so ohne Weiteres zu gelten. Trotz dauerhafter Überlastung versäumt sie es, beizeiten Nein oder Stopp zu sagen. Sie ist die ganze Zeit busy und aktiv, was auf den ersten Blick nicht unbedingt die Opferrolle nahelegt. Dennoch gibt sie in ihrer eigenen Sache das Ruder aus der Hand. Sie wartet darauf, dass andere an ihrer Stelle die Grenze ziehen und für sie die Entscheidung treffen, was sie sich zumuten kann. Doch niemand sagt: »Ich sehe doch, wie Sie sich hier aufreiben. Ich übernehme das für Sie.« Und wenn es so wäre, würde Christine wahrscheinlich sogar abwinken und es für unmöglich halten, dass jemand sie tatsächlich spürbar entlasten kann.

Egal ob in Führungsverantwortung oder in der Elternrolle, Menschen wie Christine versäumen es, zu investieren und andere beizeiten so anzuleiten, dass sie tatsächlich spürbar entlastet werden können. Sie brüten nächtelang alleine über dem Projektantrag, statt ihre Mitarbeiter einzubeziehen und so weit einzuarbeiten, dass sie zumindest Teile davon selber formulieren können. Statt ihren Kindern nach und nach beizubringen, wie man Salatsoße macht, Kartoffeln schält oder das Bad putzt, glauben sie, alles selbst machen zu müssen, weil es schneller und ordentlicher geht.

Sich in der Verantwortung sehen und die Dinge in die Hand nehmen – das ist leistungsstarken und einsatzfreudigen Menschen nämlich so vertraut, dass sie nicht selten dabei übers Ziel hinausschießen. Sie vergessen, dass sie zuallererst die Verantwortung für sich selbst haben. Sie lässt sich nicht einfach an andere delegieren. Das Grundgefühl von Allzuständigkeit lässt MACHER gar nicht erst auf die Idee kommen, Verantwortung zu teilen oder abzugeben. Wenn sie überhaupt etwas delegieren, dann behalten sie meist die Fäden in der Hand. So können sie jederzeit eingreifen oder wenigstens den Feinschliff selber machen. Macher neigen dazu, Verantwortlichkeiten an sich zu reißen, die nicht ihre sind. Dann passiert es, dass sie anderen ihre Lösungen überstülpen oder ihnen vorschreiben, wie sie ihr Leben zu gestalten haben. In ihrem Aktionismus zeigen sie oft wenig Verständnis für die Gefühle anderer. »Wieso stellt der sich so an?« – »Es gibt keinen Grund sauer zu sein!« – »Mein Gott, sei doch nicht so kompliziert!« Kennen Sie solche Gedanken oder Äußerungen von sich? Damit verwehren Sie Ihrem Gegenüber sogar das Recht auf und die Verantwortung für seine Gefühle. Ihr Gefühl von Allzuständigkeit wird von anderen auch als Dominanz und Einmischung wahrgenommen. Sie könnten sich entlasten, wenn Sie sich auf Ihre eigenen Reaktionen konzentrieren und dafür die Verantwortung übernehmen. Was andere denken, tun oder sagen, haben Sie zur Kenntnis zu nehmen, verantwortlich sind Sie nicht dafür. Es ist und bleibt deren Sache.

FUNKTIONIERER haben die Neigung, zu viel Verantwortung dafür zu übernehmen, dass die Dinge reibungslos laufen und alle sich an Regeln und Vereinbarungen halten. Ihre Vorliebe für verlässliche Struktur und gewissenhafte Planung lässt sie häufig vergessen, dass andere nach ihrer eigenen Melodie mitspielen. Je unzuverlässiger diese mit Verantwortung und Zusagen umgehen und dadurch ihre Planungen durchkreuzen, desto mehr laufen Funktionierer Gefahr, die Opferrolle in Form des frustrierten Pedanten oder beleidigten Einzelkämpfers zu übernehmen. Liegt Ihre Stärke im Vorausdenken, Organisieren und Strukturieren? Funktionierer geraten gerade über diese Stärken in die Opferrolle. Fühlen Sie sich manchmal auf verlorenem Posten, weil Ihre Versuche, Ihre Kollegen, Freunde oder Familienmitglieder auf Regeln und Vereinbarungen zu verpflichten, verlorene Liebesmüh sind? Dann verpufft Ihre Energie im vergeblichen Kampf um Verbindlichkeiten. Sie könnten Ihren Teil der Gesamtverantwortung leichter wahrnehmen, indem Sie effiziente Vorgehensweisen vorschlagen oder auf eingespielte Ablaufmöglichkeiten hinweisen, es dann aber den anderen überlassen, inwieweit diese sich danach richten. So werden Funktionierer zumindest die Verantwortung dafür los, dass sich alle an die Regeln und ein geordnetes Vorgehen halten.

KÜMMERER übernehmen im beruflichen wie im privaten Leben viele Aufgaben für andere, bedienen Freunde und Bekannte mit Essenseinladungen, geduldigem Zuhören oder praktischer Unterstützung. Auch für die Gestaltung des gesellschaftlichen Lebens in ihrem Umfeld fühlen sie sich in besonderem Maße zuständig. Nicht selten bekleiden sie mehrere Ehrenämter, sind Vereinsvorstände, Elternvertreter und Ausschussmitglieder zur gleichen Zeit. Kümmerer begreifen Verantwortung in erster Linie als Verantwortung für andere. Andere, die schwächer sind, die weniger Kompetenzen haben, weniger Energie mobilisieren können. Aber auch andere, die in eine bedauernswerte Lage geraten sind oder die vom Schicksal gebeutelt sind. Ein hohes Verantwortungsgefühl ist ein stark wirksamer Resilienzfaktor, solange Sie dabei berücksichtigen, wie weit Sie das alles stemmen können, was Sie sich aufladen. Wenn Sie sich dafür verantwortlich fühlen, dass Ihre Schwägerin keine Ausbildung zu Ende bringt, übernehmen Sie sich. Sie ist ein erwachsener Mensch. Vielleicht wurde sie ihr Leben lang geschont, und die Familie hat ihr alle Entscheidungen samt Konsequenzen abgenommen oder zumindest abgefedert. Das heißt aber keineswegs, dass Sie sich ihr gegenüber nicht anders verhalten können.

Es geht nicht darum, sich teilnahmslos und gleichgültig zurückzulehnen und Menschen, die unserer Unterstützung und Hilfe bedürfen, im Stich zu lassen. Zudem stärkt es auch die Gebenden, wenn sie aus Werten wie Solidarität und Nächstenliebe heraus die Initiative für andere ergreifen. Doch Mitgefühl und Fürsorge für andere dürfen nicht zur Selbstaufopferung führen. Mit Selbstaufopferung geht einher, dass wir uns von uns selbst entfremden und keine Verantwortung für uns selbst übernehmen. Alle Veränderung, die Sie für andere und bei anderen wünschen und erwarten, beginnt bei Ihnen selbst. Bevor Sie sich um andere kümmern, ist es wichtig, sich selbst ausreichend zu versorgen. Nur aus einem stabilen Gleichgewicht heraus können Sie verantwortlich nach außen in Aktion treten, um sich anderen zuzuwenden. Sozial hoch engagierte Menschen lassen diese Voraussetzung häufig außer Acht, ihre Aufmerksamkeit richtet sich zuerst und vor allem darauf, die Bedürftigkeit der anderen zu beheben. Je mehr sie darauf konzentriert sind, umso weniger nehmen sie die Überforderungssignale wahr, die Körper und Seele aussenden, oder übergehen sie. Sie spüren sich selbst sozusagen nicht mehr. Während sie einfach weitermachen, kommt ihnen ihre selbstverantwortliche Handlungsfähigkeit abhanden – und damit werden sie zum Opfer ihrer eigenen Ansprüche. In dieser Verfassung entscheiden sie nicht frei, was sie tun wollen und was nicht. Sie spulen automatisierte Handlungsmuster ab, egal ob sie ihnen und anderen guttun oder nicht.

Eine Kehrseite dieser Opferhaltung sind Schuldgefühle. Natürlich können wir schuldig werden, wenn wir moralisch falsch handeln oder wenn durch unser Tun jemand ernsthaft zu Schaden kommt. Unterlassene Hilfeleistung ist nicht umsonst ein Straftatbestand; in unserem Rechtssystem besteht Konsens darüber, dass Menschen bei Unglücksfällen oder in unmittelbarer Not direkt geholfen werden muss. Wer wirklich gegen moralische Grundsätze verstoßen hat, sollte versuchen, daraus eine Lehre zu ziehen und diese Fehler aus der Welt zu schaffen. Doch nicht wenige Menschen quälen sich mit unbegründeten oder unangemessenen Schuldgefühlen, weil sie das Gefühl haben, ihr Leben nicht hundertprozentig auf die Reihe zu bekommen, ihren eigenen (überzogenen) Erwartungen und/oder denen anderer nicht zu entsprechen. Manchmal sind diese Schuldgefühle nur ganz subtil wahrnehmbar, irgendwie fühlen wir uns nicht in Ordnung, und das nagt an unserem Selbstwertgefühl. Das Gewissen kann eine Kraftquelle sein, die ermöglicht, zu erkennen und zu bewerten, was gut und richtig ist, und auch danach zu handeln. Es stärkt das Selbstwertgefühl und den Charakter, sich verbindlich an Werten zu orientieren. Das alltagssprachliche »schlechte Gewissen« ist dagegen eine unreife Reaktion, die sich genau diese Stellungnahme und erwachsene Positionierung ersparen will. Fragen Sie sich, ob Sie selbst es wirklich in Ihrem tiefsten Innern so falsch finden, was Sie tun, oder ob das nur die Meinung Ihrer Eltern, Ihres Partners, Ihrer Kollegen oder der Medien ist. Wenn Sie nicht gegen Ihre wichtigsten Werte verstoßen haben, verabschieden Sie sich getrost von Ihren Gewissensbissen. »Für unser Denken sind wir verantwortlich, nicht aber für das, was andere über uns denken«, sagt Ernst Ferstl.[14] Wie sehr Sie sich auch anstrengen, Sie werden niemals allen und allem gerecht werden können. Sie können lediglich aus Ihren Fehlern lernen und sich ernsthaft darum bemühen, bessere Lösungen für die entsprechenden Situationen zu finden.

Starke Menschen verfügen in der Regel über eine Reihe von Kompetenzen in der Kommunikation, haben aber oft Probleme in der deutlichen Aussprache des kleinen Wortes Nein. Möglicherweise befürchten sie, andere damit vor den Kopf zu stoßen, möglicherweise registrieren sie ihre eigenen Belastungsgrenzen nicht. Auf jeden Fall geben sie, indem sie sich um eine klare Stellungnahme drücken, die Verantwortung für ihre eigene Entscheidung an andere ab. Wenn Sie zu denen gehören, die automatisch, also unüberlegt, Ja sagen, geraten Sie leicht in einen Teufelskreis: Schlagen Sie jemandem einen Wunsch oder ein Ansinnen ab, fühlen Sie sich schlecht. Lassen Sie sich alles Mögliche aufhalsen, fühlen Sie sich irgendwann überfordert und ausgenutzt und reagieren gereizt. Wider besseres Wissen Ja zu sagen entspannt die Situation nur kurzfristig. Langfristig führt grenzenlose Hilfsbereitschaft oder gar Opferbereitschaft in eine Krise, denn je erschöpfter Sie werden, umso mehr Zeit benötigen Sie für die gleiche Arbeit. Wenn Sie sich hin und wieder zu einem Nein entschließen, übernehmen Sie Verantwortung für sich selbst und gewinnen mehr Kontrolle über Ihr eigenes Leben. Mit ziemlicher Wahrscheinlichkeit werden Sie die Erfahrung machen, dass Sie auf Dauer dadurch bei anderen sogar an Achtung gewinnen. In jedem Fall werden Sie selbstbestimmter, weil Sie aufhören, anderen – zumindest unausgesprochen – die Schuld daran zu geben, dass Sie sich überfordern. Wer einem anderen die Schuld zuweist an seiner eigenen Situation, gibt ihm Macht über sich. Eine Macht, die nicht in der Realität begründet ist, sondern nur in der Vorstellung.

Pinnwand-Memos

▨ Jeder ist selbst verantwortlich für alles, was er denkt, fühlt, tut und lässt.

▨ Nicht die anderen entziehen mir die Kraft. Das tue ich selbst, wenn ich die nötigen Grenzen nicht ziehe und selbstverantwortlich mein gutes Maß finde.

▨ Wer den Umständen oder anderen Menschen die Schuld an seiner Situation gibt, gibt ihnen Macht über sich.

Wie starke Menschen ihre Selbstverantwortung wahrnehmen

▶ Werden Sie aufmerksam dafür, wo Sie unbemerkt Kontrolle über das eigene Leben abgeben und zulassen, dass Sie selbst oder andere Ihre Grenzen überschreiten.

▶ Lernen Sie zu unterscheiden zwischen sachlichen Notwendigkeiten, eigenen Ansprüchen und fremden Erwartungen – und entscheiden Sie selbstverantwortlich, welchen Sie entsprechen wollen und können. Dann sind Sie auch mit Ihrem Gewissen im Reinen.

▶ Etwas mit Leidenschaft zu tun kann wichtiger sein als Karriere, großes Gehalt oder Anerkennung. Sie haben auch die Verantwortung dafür, Ihre Talente nicht zu vergraben oder trügerischem Status, Konsum oder Zustimmung zu opfern.

▶ Ziehen Sie sich keinen Schuh an, der Ihnen nicht gehört. Seien Sie klar in Ihrem Ja und Nein, und verzichten Sie auf Ausreden. Sie sind unwürdig für alle Beteiligten. Sie können Ihre Entscheidung erklären, wenn Sie mögen, aber sie brauchen sich auf keinen Fall dafür zu rechtfertigen.

Strategie Nr. 5:
Sich durch Selbstregulierung immer wieder in Balance bringen

Meike ist eine Superfrau, wie sie im Buche steht. Als Internistin glänzt sie fachlich, nimmt sich aber auch des Schicksals vieler Patienten samt ihrer Familien ganz persönlich an. Ihre drei Kinder erzieht Meike mustergültig. Sie kümmert sich intensiv um ihre Belange in Schule und Freizeit, kocht täglich ein frisches Essen. Meike ist im Schulelternrat und im Hospizverein des Ortes ein geschätztes Mitglied, weil sie bereit ist, sich einzusetzen und die Dinge in die Hand zu nehmen. Auf ihre leise, aber entschiedene Art kann Meike ziemlich dominant sein. Bei aller Hingabe erwartet sie von ihrer Familie, dass alle am gleichen Strang ziehen. Nicht selten müssen ihr Mann Thomas oder die Kinder etwas erledigen, das Meike für zwingend erforderlich hält, wozu sie bei ihrer Aufgabenfülle aber nicht mehr gekommen ist: eine Information für einen Patienten im Internet suchen, Eier beim Bauern abholen oder einen Kuchen backen für die Vorstandssitzung des Hospizvereins. Eine Putzfrau haben sie nicht, es hat sich nie eine nach Meikes Vorstellungen gefunden. Deshalb sind ihre »freien« Abende in der Regel ausgefüllt mit bügeln, saubermachen und anderen Hausarbeiten. Für eigene Interessen oder Freizeitaktivitäten bleibt überhaupt keine Zeit. Freunde sieht sie fast nur noch bei den obligatorischen Geburtstagseinladungen. Ihr Lebensstil lässt sich selbst mit Meikes ausgeprägtem Organisationstalent und ihrer eisernen Disziplin nur durchhalten, weil Thomas und die Kinder mitspielen und sich von ihr einspannen lassen. Meike selbst ist erschreckend dünn. Immer wieder leidet sie unter heftigen Hautausschlägen, gegen die sie bisher noch kein Mittel gefunden hat. Sowohl Thomas als auch einzelne Freunde geben häufiger zu bedenken, dass Meike sich viel zu viel zumutet und ihre Beschwerden auch etwas mit ihrem Lebenswandel zu tun haben könnten. Doch was sie bei ihren Patienten selbstverständlich in die Anamnese wie auch in die Behandlung einbezieht, weist sie für sich selbst weit von sich. Sie will nichts davon wissen, dass sie mit ihren hohen Ansprüchen ihrer Familie keinen Gefallen tut und mit ihrem Verhalten ihre Gesundheit aufs Spiel setzt. Dass Thomas sich immer mehr zurückzieht und seiner Wege geht, weil er sich ihrem Aktionismus nicht mehr gewachsen fühlt, nimmt sie mit einer Mischung aus Vorwurf und Resignation zur Kenntnis, ohne weiter darauf einzugehen. Erholung und Entspannung sind für Meike Fremdwörter geworden.

Meikes Stärke in Sachen Selbstregulierung, die Selbstdisziplin, ist sehr einseitig ausgeprägt. Sie kann sich immer weiter antreiben und auf einem sehr aktiven Level halten. Sich gut selbst regulieren zu können heißt aber, dass man in der Lage ist, immer wieder eine heilsame Balance herzustellen zwischen Selbstdisziplin und Selbstberuhigung, zwischen Verstand und Intuition, zwischen Anspannung und Entspannung. Wenn es Ihnen gelingt, sich langfristige Ziele zu setzen, die Ihren Werten entsprechen, bringen Sie Sinn und Richtung in Ihr Leben. Das hebt Ihre Grundstimmung. Damit diese Ziele Wirklichkeit werden, müssen im realen Alltag allerdings entsprechende Schritte konsequent getan werden, was Ihre Euphorie wieder etwas abschwächt. Menschen, die nicht bereit sind, diese Dämpfung ihrer Grundstimmung vorübergehend in Kauf zu nehmen, erreichen oft weit weniger, als sie sich erträumen, oder sie versprechen mehr, als sie am Ende halten. Viele belastete Menschen haben das gegenteilige Problem: Sie unterlassen es, hin und wieder auch davon zu träumen, was in ihrem Leben fehlt und was sie persönlich wünschen. Statt ab und zu innezuhalten, legen sie immer noch einen Zahn zu ohne Rücksicht darauf, wie sie sich fühlen. Sie beschränken sich wie Meike einseitig auf die Denkfunktionen des Verstandes und ziehen mit eiserner Disziplin ihr selbst auferlegtes Pensum durch. Entspannung und Erholung stellen sie immer wieder zurück, bis sie »fertig« sind. Dass sie schließlich überzeugt sind, gar keine andere Wahl zu haben, ist kein Wunder. Denn in dieser mentalen Verfassung ist niemand in der Lage, Alternativen zu sehen. Wenn das noch eine Weile weitergeht, ist man irgendwann nicht mehr in der Lage, aus eigenen Kräften zu regenerieren. Was früher Freude gemacht hat und geholfen hat, um abzuschalten, bringt keine Erholung mehr. Dieser Zustand ist bezeichnend für die erste Phase eines Burn-out-Syndroms.[15]

Eine gute Selbstregulierung zeigt sich also unter anderem daran, wie effizient Sie Ihre Energie einsetzen. Freizeit verschafft uns Verschnaufpausen von der Anspannung des Alltags, in denen wir Stress abschütteln und die Energiespeicher des Körpers wieder auffüllen. Untersuchungen haben gezeigt, dass Stressgeplagte, die sich ausreichend Freizeit gönnen, besser gestimmt und engagierter sind als die, die das außer Acht lassen. Genügend wohltuende Freizeitgestaltung scheint jedoch nur vor *akutem* Stress zu schützen. Ist der Organismus bereits dauerhaft aus dem Gleichgewicht gebracht, bringt ihn auch ein angenehmer Feierabend oder Wellnessurlaub nicht mehr ohne Weiteres ins Lot.[16] Sie können sich Ihren Energiehaushalt als ein Fass vorstellen, bei dem ständig unterschiedlich viel Energie hinein- und hinausfließt. Die Abflüsse und Zuflüsse entsprechen verschiedenen Lebensbereichen wie Familie und Freunde, soziale Aktivitäten, körperliche Betätigungen, Kultur, Beruf, Aufgaben. Vielleicht investieren Sie zurzeit mehr in Familie, als Sie herausbekommen. Das schadet nicht, wenn Sie durch soziale Aktivitäten viel bekommen und nur wenig abgeben. Ein bis zwei starke Abflüsse können durch entsprechend kräftige Zuflüsse an anderer Stelle durchaus kompensiert werden. Für eine gute Gesamtverfassung sollte das Fass allerdings mindestens zu zwei Dritteln gefüllt bleiben. Denn wenn es irgendwo ein Leck gibt, durch das beständig Energie abfließt, oder wenn der Inhalt des Fasses unter die Hälfte sinkt, wird es immer schwieriger und mühsamer, den Pegelstand wieder zu heben. Gleichzeitig sinkt die dafür zur Verfügung stehende Energie immer weiter. Wahrscheinlich kennen Sie dieses Phänomen: Vor Erschöpfung verlieren Sie das Interesse an Dingen, die Ihnen eigentlich Freude bereiten und Erholung verschaffen: ins Theater gehen, sich mit Freunden treffen, zu Ihrem Sprachkurs gehen oder einen Waldspaziergang machen. Sie können sich einfach nicht mehr dazu aufraffen. Auf diese Weise versiegen die Quellen, die Sie im Normalfall auftanken lassen und aus dem kraftlosen Zustand wieder herausbringen. Ein Teufelskreis ist in Gang gesetzt, der flugs das Fass ganz leerlaufen lässt.

Dass wir bei Kräften und guter Laune sind, ist ein Anzeichen dafür, dass wir diesen Austausch intuitiv gut regeln. Fühlen wir uns leer und erschöpft, hat die unbewusste Steuerung versagt. Sie kann aber Schritt für Schritt durch eine bewusste Selbstregulierung wieder in Gang gebracht werden. Dafür muss man beispielsweise vorübergehend mehr Energie für Körper und Selbst einsetzen als für Familie und Aufgaben. Man kann seine Leistungsfähigkeit erhöhen durch mentales Training, körperliche Fitness oder regelmäßige Pausen, wenn der Stresslevel zu weit ansteigt. Gerade wenn sie erschöpft sind, tun Starke jedoch häufig das Gegenteil. Mit aller Kraft versuchen sie ihren Einsatz aufrechtzuerhalten oder sogar noch zu steigern, damit niemand merkt, was mit ihnen los ist. Während eines Gesundheitsurlaubs habe ich an einer meditativen Wanderung teilgenommen. Als wir eine Weile gelaufen waren, ließ uns die Führerin auf einer Wiese rasten. Sie reichte Tee und Kekse mit den Worten: »Wir stärken uns jetzt für den Aufstieg.« Das war für mich ein Aha-Erlebnis, das mir eine wesentliche Selbsterkenntnis bescherte. Ich selbst hätte mich bestenfalls nach dem Aufstieg belohnt, hätte mich unter Umständen sogar hinaufgequält. Niemals aber wäre ich auf die Idee gekommen, mir erst einmal die bestmöglichen Voraussetzungen zu schaffen für diese Leistung.

Gerade für besonders engagierte Menschen ist es also überlebenswichtig, sich nach Anstrengungen ausreichend zu erholen und wieder Kraft zu schöpfen, bevor der nächste »Einsatz« ansteht. Als Kämpfernaturen neigen MACHER dazu, die körperlichen Signale von Müdigkeit und Erschöpfung zu übergehen. Sie gehen davon aus, dass sie pausenlos Stärke und Einsatz zeigen müssen und können. Aus freien Stücken zurückstecken kommt genauso wenig infrage wie nachgeben oder Schwäche zugeben. Machern verhilft es zu einer ausgeglichenen Energiebilanz, wenn sie lernen, ihre Kräfte zu dosieren und etwas zu lassen, *bevor* sie völlig am Ende sind.

KÜMMERER gestehen sich keine Erholung zu, solange andere noch nicht rundum versorgt sind. Für ein starkes Selbstwertgefühl sind sie darauf angewiesen, dass sie gebraucht werden. Deshalb können sie es nicht lassen, noch dies und das für andere zu tun, egal wie es ihnen selbst geht. Ihre Aufmerksamkeit kreist ständig darum, was Familienmitglieder, Kollegen oder andere Menschen tatsächlich oder vermeintlich brauchen. Sie selbst kommen auf diese Weise nie zur Ruhe. So gelingt es ihnen, weder spüren zu müssen noch sich anmerken zu lassen, was ihnen fehlt. Für eine gute Balance können Kümmerer sich der Herausforderung stellen, selbst Bedürftigkeit zu zeigen und andere um etwas zu bitten, was sie brauchen. Das kann eine Tasse Kaffee sein, eine halbe Stunde Zuhören oder konkrete Unterstützung bei einer Aufgabe. Kümmerer neigen nämlich dazu, solche Gefälligkeiten anderen gern und selbstverständlich zu erweisen, während sie selbst zu stolz sind sie anzunehmen.

FUNKTIONIERER lässt ihr ausgeprägtes Pflichtgefühl auch über das eigene Wohlbefinden hinaus Pflichten abarbeiten. Solange noch etwas auf ihrer To-do-Liste steht, finden sie nicht wirklich zu Entspannung. Überdies haben sie eine fatale Neigung, alles auf ihre Liste zu setzen, was sie noch machen könnten oder glauben erledigen zu müssen. Dabei verlieren sie den Blick für das realistisch Machbare und Vernünftige. Funktionierern hilft es, wenn sie die Art ihrer Erholung und Entspannung wie auch die

Zeiten dafür genauso verbindlich einplanen wie berufliche Termine.

Für unseren Energiehaushalt wie auch für den Erfolg der täglichen Arbeit ist es aber nicht nur ausschlaggebend, wie viel wir machen, sondern wie und wann wir etwas machen. Stressanfälligkeit und Belastbarkeit wie auch das Leistungshoch liegen bei jedem unterschiedlich. Das individuell passende Anspruchsniveau zu finden ist ein entscheidender Schritt, um produktiver, erfolgreicher und gleichzeitig gelassener zu sein. Wissenschaftlichen Untersuchungen zufolge liegt dieses Niveau in der Regel dort, wo die Überforderung soeben beginnt. Darunter langweilen wir uns auf lange Sicht, was guten Ergebnissen zuwiderläuft. Darüber fühlen wir uns überfordert, was auf Dauer zu Frust, Denkblockaden und Totalversagen führt. Diesen Korridor des optimalen Anspruchsniveaus nennen Wissenschaftler den »Flow«.[17] Im Flow können wir uns einer Tätigkeit intensiv und lange Zeit hingeben, ohne zu ermüden. Ideale Voraussetzungen für möglichst viele Flow-Momente sind anspruchsvolle, aber zu bewältigende Aufgaben, nach Möglichkeit ein unmittelbares Feedback und vor allem klare Ziele, die dem Tun Sinn geben. Diese Ziele nicht nur mit Vernunft, sondern auch mit Leidenschaft zu verfolgen hält uns im Flow. Leidenschaft sorgt dafür, dass wir uns eine Thematik oder eine Tätigkeit, die uns anspricht oder uns liegt, zu eigen machen, bis sie Teil unserer Identität werden. So trägt Leidenschaft bei zu äußerem Erfolg und innerer Zufriedenheit. Jochen Metzger[18] unterscheidet von dieser »harmonischen Leidenschaft« die »obsessive Leidenschaft«, die sich auch gegen das eigene Wohlbefinden und die eigene Gesundheit richten kann. Obsessiv Leidenschaftliche verschreiben sich nämlich äußeren Faktoren wie Prämien, Beifall oder dem soziale Prestige, das eine Aktivität verspricht. Um sich davon zu lösen und sie zu verwandeln, brauchen sie gezielte Gegenmaßnahmen: sich Abstand bewusst verordnen, Freizeitaktivitäten statt Sonderschichten, innere Zufriedenheit statt äußerer Bestätigung. Manchmal beschert uns das Leben diesen Abstand, den uns selbst einzuräumen wir nicht imstande sind. Ein Unfall, eine tiefe Enttäuschung oder ein herber Verlust verschaffen uns den Raum, unser Wertesystem zu überprüfen und gesünder und heilsamer auszurichten.

So stärkend Gemeinschaft auch sein kann, insbesondere einsatzfreudige Menschen sind häufig nahezu unablässig mit anderen zusammen. Manche haben darüber das Alleinsein verlernt, andere betrachten es als eine Kostbarkeit. Der Philosoph Michel Foucault[19] beklagte den »Verlust der Schweigekultur« in unserer Gesellschaft: Das permanente Reden und Interagieren hätten die Selbstregulationsfähigkeiten verkümmern lassen. Unser Denken entwickelt sich in der intensiven Beschäftigung mit der Umwelt. Doch die Verarbeitung gelingt am besten allein. Dass sich das Bedürfnis danach nicht völlig unterdrücken lässt, zeigt sich immer, wenn wir in Gesellschaft, auf einer Konferenz oder einer Party in Trance geraten. Sie kennen das sicher und beobachten es auch bei anderen, dass Sie dann für Augenblicke ganz in sich versunken sind oder Ihren Gedanken nachhängen. In diesen Momenten reorganisieren Sie unbewusst Ihre Arbeitsspeicher und Ihr Gedächtnis. Wenn wir die heilsame Wirkung des Rückzugs in unsere Innenwelt (wieder) erkennen und schätzen lernen, verliert er sein antisoziales Image. Dann wird das gelegentliche oder besser noch regelmäßige Alleinsein ein hervorragendes Korrektiv zur Reizüberflutung unserer Außenwelt.

Eine gut funktionierende Selbstregulierung und Balance ist nicht denkbar ohne Rhythmus. Zum Rhythmus gehört die Pause, sie ist ein Teil davon. Eine Pause ist kein störendes oder unliebsames Abbrechen, sie ist ein wohltuendes Unterbrechen, das zur Regelmäßigkeit beiträgt. Eine Auszeit nehmen wir dagegen eher einmalig und übergangslos. In Auszeiten erwarten wir meist, dass wir blitzartig auf Entspannung umschalten. Doch vielleicht haben Sie das selbst schon einmal im Urlaub erlebt: Wenn auf eine hohe Belastung unvermittelt Entlastung erfolgt, werden wir häufig krank. Das Immunsystem gibt zunächst alles, dann lässt die Abwehrkraft nach. Deshalb brauchen wir einen sanften Wechsel von der Belastung zur Entlastung, beim Urlaub, beim Wochenende, bei den Tagesrhythmen.

Von der Tanztherapeutin Gabrielle Roth[20] stammt das Konzept der fünf Lebensrhythmen. Diese fünf Rhythmen wiederholen sich immer wieder, wir finden sie im täglichen, wöchentlichen und jährlichen Ablauf wie auch im gesamten Lebenszyklus.

Es beginnt mit »Flowing«, alles fließt, wir dümpeln zwischen Tag und Traum, stellen uns langsam auf den Tag beziehungsweise das Leben ein. Der Rhythmus von Flowing ist der Ausgangspunkt, an dem wir unsere Wurzeln spüren und uns mit unserem Ursprung verbinden. Er lehrt uns, wie wir unsere Energie zentrieren und zu unserer Mitte zurückkehren.

Den zweiten Rhythmus nennt sie »Staccato«, kurze knappe Takte, energisch aneinandergereiht. Wir planen unsere Vorhaben und teilen unsere Zeit ein. Im Staccato geht es um Kraft und um unser Verhältnis zur Kraft. Es geht um die Fähigkeit, uns zu holen, was wir brauchen, aber auch um unser Recht, Nein zu sagen und Grenzen zu setzen, ohne dass wir uns dafür verurteilen oder schuldig fühlen. In diesem Rhythmus begegnen wir Gefühlen wie Zorn, Ärger und Angst, und wir können lernen, diese Energien kreativ zu nutzen. Staccato lehrt uns, unsere Richtung zu finden und mentale Gefängnisse, die wir selbst errichtet haben, aufzubrechen. Er rüttelt uns wach und holt uns aus unserer Lethargie.

Im »Chaos« kommt es schließlich, wie es kommt. Dieser Rhythmus konfrontiert uns mit der Erfahrung, immer wieder aus unserer Mitte herausgerissen zu werden und aus dem Gleichgewicht zu geraten. Wir erledigen unser Tagwerk, integrieren Unvorgesehenes, versuchen Mehrfachanforderungen und das Durchkreuzen unserer Strukturen zu managen. Viele haben Angst vor Chaos und versuchen alles, um es zu vermeiden. Doch es gehört zu den Gesetzmäßigkeiten der Natur. Statt dagegen anzukämpfen ist es heilsamer, mitzufließen und wieder unseren Weg zurückzufinden. Wenn wir das Chaos annehmen, befreien wir Körper, Verstand und Seele von überflüssigen Lasten.

Der vierte Rhythmus, »Lyrical«, tritt dann in Erscheinung, wenn wir wirklich beginnen loszulassen. Wir verlieren an Schwere, fühlen uns dabei oftmals erfrischt – wie neugeboren. In diesem Rhythmus finden wir allmählich Zugang zu unserer reinen, natürlichen, mühelosen Schöpferkraft. Sie war immer schon da, in Lyrical fangen wir an, wieder daraus zu schöpfen. Wir schauen auf das Leben, das Jahr oder den Tag in seiner Gesamtheit und lassen ihn meditativ vorbeiziehen, wie wir ein Gedicht lesen. Es ist die blaue Stunde, Erntezeit, nicht untätig, aber gereift und dankbar.

Der letzte Rhythmus, »Stillness«, lehrt uns zur Ruhe zu kommen. Er zeigt uns den Ort, an dem wir tiefen Frieden finden. Und je mehr wir diese Stille in uns selbst entdecken, umso weniger spielt es eine Rolle, wo wir uns gerade befinden – ob auf einem Berggipfel oder unter einem Berg von Arbeit begraben. Wenn wir üben, in die Stille zu gelangen, wird es zunehmend einfacher für uns, dort anzukommen und in ihr zu verweilen. Es ist der Ort, an dem wir unsere Batterien wieder aufladen können und an dem wir mit unserem Zentrum und mit allem um uns herum verbunden sind.

Modellhaft verlaufen diese fünf Rhythmen nacheinander wie in einer Sinuskurve und wiederholen sich gleichmäßig. In der Realität unterscheiden sie sich in Dauer und Intensität, je nach persönlichen Vorlieben, gelernten Verhaltensmustern, vermeintlichen oder tatsächlichen Erfordernissen. Wir haben unterschiedliche Vorlieben, lassen manche Phasen ganz aus, können uns von anderen nicht lösen. Überlastete Menschen sinken oft von Chaos ins Bett und legen morgens gleich im Staccato los. Wenn Ihnen das bekannt vorkommt, könnten Sie mit einer bewussten Einleitung und Gestaltung des lyrischen Rhythmus wieder Zugang zu Stille und Fließen finden und so in eine heilsame Balance kommen. Systematisch Unterbrecher einzusetzen könnte ein erster gezielter Schritt sein, wenn Sie zu lange in einem Rhythmus verharren.

Pinnwand-Memos

- Was über die Zeit geht, geht über die Kräfte.[21]
- Regelmäßige Pausen steigern die Leistungsfähigkeit.
- Heute schon eine »lyrische Phase« genossen?

Wie starke Menschen ihre Selbstregulierung optimieren

▸ Stress ist nicht gefährlich, solange er durch ausreichende Erholungszeiten wieder ausgeglichen wird. Dauerstress dagegen macht krank. Sorgen Sie für regelmäßige Pausen und Ausgleich. Finden Sie Ihren eigenen gesunden Rhythmus.

▸ Je mehr Sie im Flow-Korridor arbeiten können, desto weniger belastend sind auch Leistungsspitzen. Konzentrieren Sie sich daher auf Tätigkeiten, die Sie herausfordern und erfüllen.

▸ Wir überfordern uns über unsere Stärken. Achten Sie darauf, welche Verhaltensmuster Ihnen zur Falle werden können, weil sie Ihnen so leichtfallen. Probieren Sie hier und da einmal ganz andere Muster aus.

▸ Der Weisheit der Selbstregulierung trauen bedeutet, auch Gefühlen wie Trauer, Hilflosigkeit und Wut unter Umständen Raum zu geben und sie nicht gleich »wegmachen« zu wollen. Sie weisen Sie auf unerfüllte Bedürfnisse und verbesserungswürdige Bereiche hin.

▸ Bei ungenügender Selbstregulierung neigen Starke dazu, alles abzuwehren, was ihnen in die Quere kommt. Bremsversuche von anderen betrachten sie als unangemessene Kritik. Seien Sie dankbar für Menschen, die Ihnen bei passender Gelegenheit den Spiegel vorhalten, und nehmen Sie deren Wahrnehmung ernst.

Strategie Nr. 6:
Ebenbürtige Beziehungen gestalten
und andere stark werden lassen

Matthias ist ein Mann für alle Fälle. Ob er in seiner Familie gebraucht wird, ob Verwandte, Freunde, Kollegen ein Problem haben: Alle verlassen sich darauf, dass Matthias sie nicht hängen lässt. Und Matthias sagt nicht Nein, wie müde und lustlos er auch manchmal sein mag. Oft kommt er der Bitte um kleine oder große Gefälligkeiten sogar zuvor, indem er von sich aus Rat und Hilfe anbietet. Fühlte sich eines seiner Kinder in der Schule oder im Sportverein ungerecht behandelt, war Matthias zur Stelle, um die Sache des Kindes zu vertreten. Bis heute kümmert er sich um die Versicherungen seiner erwachsenen Kinder und hält ihre Ablageordner auf dem neuesten Stand. Selbst um seine geschiedene Frau Susanne macht er sich Gedanken, ob sie wohl mit dem Umstellen der Heizung zurechtkommt oder ob sie rechtzeitig an ihre Steuererklärung denkt. Bis heute versteht Matthias nicht, wie es zu ihrer Scheidung vor drei Jahren gekommen ist. Er ist aus allen Wolken gefallen, als Susanne ihm unwiderruflich ihren Entschluss mitgeteilt hat, nachdem alle drei Kinder aus dem Haus sind. Er hat sich doch immer um Susanne und um die Kinder gekümmert und für alle das Beste gewollt. Seine Tochter Maren versucht Matthias immer wieder verständlich zu machen, dass sie sich bei aller Liebe ständig von ihm bevormundet fühlt und dass es ihrer Mutter wahrscheinlich genauso ergangen ist. Maren ist die Einzige, die ihn in solchen Fällen ihren Unmut deutlich spüren lässt und sich mit ihm auseinandersetzt. Ihre Brüder entziehen sich lieber, wenn es ihnen zu viel wird, als dass sie ihren Vater konfrontieren.

Schließlich profitieren sie auch gerne von seiner Fürsorglichkeit.

Mit einem fürsorglichen Ehemann und Vater wie Matthias im Rücken lebt es sich im Alltag bequem und sicher. In Lebenskrisen und Grenzsituationen würden sich das viele ausdrücklich wünschen. Doch so angenehm diese Vorstellung auch ist – seine ständige Bereitschaft, sich zu kümmern und zu helfen, verhindert auch, dass die anderen selbstständig werden und ihre eigenen Möglichkeiten entdecken. Natürlich bringt Matthias es nicht fertig, ins Gegenteil zu verfallen und alles laufen zu lassen. Das ist auch weder nötig noch sinnvoll. Es hätte ihn bereits deutlich entlastet, wenn er seinen Kindern im Hintergrund den Rücken gestärkt hätte, statt die Kastanien für sie aus dem Feuer zu holen: Zusammen mit ihnen überlegen, wie sie sich selbst in einem Konfliktfall helfen könnten; sie freundlich daran erinnern, dass die Bewerbungsunterlagen bis zum Ende des Monats vorliegen müssen, und es dann ihnen überlassen sie auf den Weg zu bringen; ihnen zuhören, wenn sie über ihre Vorhaben oder Probleme sprechen, ohne gleich eine persönliche Bewertung abzugeben oder einen Rat zu erteilen. Langfristig erweist er ihnen damit einen größeren Dienst als mit seinem gewohnten Eingreifen. Dafür muss Matthias aber aushalten, dass nicht immer alles in seinem Sinne optimal läuft, dass die Kinder Umwege machen, dass sie wütend, traurig oder ratlos sind. Er ist nicht für ihre Stimmung verantwortlich. Ihnen alles aus dem Weg räumen zu wollen stärkt weder die Vater-Kind-Beziehung noch die Fähigkeiten der Kinder zu Selbstverantwortung und Selbstwirksamkeit. Für die Beziehungsqualität und die ganz persönliche Verbundenheit ist ausschlaggebend, sie als »gleichwürdige«[22] Gegenüber zu behandeln. Das bedeutet, dass sie sich bei ihrem Vater weder klein machen noch sich besser, klüger oder optimistischer geben müssen, als sie sind. Umgekehrt gilt auch, dass Matthias selbst sich nicht stärker und überlegener zeigt, als er ist. Dann verändert sich die Stimmung meistens doch. Sie fühlen sich getröstet oder ermutigt, aber nicht von oben herab, sondern von innen heraus.

Resilient sein bedeutet nicht, dass man alles aus eigener Kraft schaffen muss. Um die eigenen Kräfte zu wecken, sind Menschen in den unterschiedlichsten Situationen angewiesen auf Ermutigung und Unterstützung von außen. Sie brauchen andere Menschen, die sie nicht fallen lassen, die an ihrer Seite sind. Eine Voraussetzung dafür, diesen Schlüssel zur Stabilisierung nutzen zu können, ist, dass die Betreffenden auch selbst genug Kontaktfreude aufbringen. Emotionale Intelligenz und angemessene Kommunikationsfähigkeiten erleichtern es, sich Menschen anzuvertrauen, die neuen Mut geben und beistehen können. Sobald Menschen Bedrückendes benennen und sich darüber mit anderen austauschen, wird das Gehirn wesentlich stärker aktiviert, als wenn sie über ihren Kummer nur grübeln. Sie können negative Emotionen besser loslassen und schneller aktiv Lösungen suchen.[23]

MACHER haben allerdings häufig den Impuls, anderen dann tatkräftig unter die Arme zu greifen. Sie nehmen ihnen die Dinge aus der Hand und wollen alles Mögliche für sie regeln. Im direkten Vergleich mit einem schwachen Gegenüber bekommt ihre Stärke ein noch größeres Gewicht. Die Lösungsansätze und Vorgehensweisen, die für sie selbst taugen, sind für ihr Gegenüber in seiner Verfassung aber unannehmbar. Je stärker Macher unter Druck geraten, desto mehr neigen sie dazu zu handeln, *statt* in Beziehung zu treten. Weil sie die Gefühlslage des anderen oft nicht mitbekommen, verstehen Macher einfach nicht, warum der zaudert oder sich verschließt.

KÜMMERER wie Matthias zeigen meistens mehr Empathie. Sie handeln, *um* in Beziehung zu treten. Sie suchen Nähe, möchten gebraucht und geschätzt werden. So mühen sie sich ab, den anderen aufzumuntern, Lösungen anzubieten, Ratschläge zu geben, alles Erdenkliche für ihn zu tun. Geht es jemandem schlecht, übernehmen sie automatisch die gesamte Verantwortung dafür, dass sich seine Lage und seine Verfassung verbessert. Je mehr sie persönlich unter Druck stehen, desto mehr streben Kümmerer bewusst oder unbewusst danach, sich unentbehrlich zu machen. Durch ihre Art der Unterstützung schaffen sie ein Beziehungsgefälle, das zum Ausdruck bringt: »Ich kann es besser, ich weiß es besser, ohne mich kommst du nicht zurecht«. Auf diese Weise ziehen sie immer mehr an sich. Den anderen im erträglichen Maß etwas zuzutrauen oder auch zuzumuten würde ihre eigene Belastung senken und die Beziehungen ebenbürtiger machen.

FUNKTIONIERER laufen nicht so leicht Gefahr, in emotionale Verstrickung zu geraten. Ihre Falle besteht darin, die emotionale Verfassung des anderen nicht wirklich zu verstehen und nicht ausreichend zu berücksichtigen. Mit Vernunft und Sachlichkeit wollen sie Notwendiges geregelt wissen und für den anderen tun. Funktionierer wundern sich oft über für sie unerklärliche emotionale Widerstände. Von Gefühlsausbrüchen fühlen sie sich manchmal überfordert oder auch peinlich berührt. Sie wissen nicht, wie sie damit umgehen sollen. Überzeugt, dass es am besten ist, die Dinge sachlich zu besprechen und anzugehen, machen sie sich ans Organisieren und Strukturieren, ohne dass ihr Gegenüber schon dazu bereit oder in der Lage ist. Es kostet sie viel Kraft und manchmal auch Überwindung, sich auf starke Gefühle einzulassen oder große Nähe auszuhalten. Funktionierer wollen das Ausmaß an Nähe und

Distanz jederzeit selbst bestimmen können, um nicht den sicheren Boden unter ihren Füßen zu verlieren.

Haben sie es mit Menschen in einer schwierigen Lage oder geschwächten Verfassung zu tun, neigen Starke wie gesagt dazu, zu viel selbst tun zu wollen. Ist das nicht möglich oder nicht gewollt, fühlen sie sich oft hilflos und ratlos. Wenn Sie Menschen in Krisensituationen wirklich stärken wollen, kommt es aber vielmehr darauf an, dass Sie ihr Leiden aushalten und dass Sie es ertragen, sie nicht einfach herausholen zu können. Das heißt keineswegs, sie alleine zu lassen. Sie können da sein und Beistand leisten statt Hilfe. Menschen, die unter Schock stehen, darf man in dem, was sie entscheiden wollen, nicht sich selbst überlassen. Sie sind in der Regel gar nicht in der Lage, Situationen realistisch einzuschätzen, ihre eigene Verfassung wahrzunehmen und für sich selbst Verantwortung zu übernehmen. Es geht hier erst einmal ums Überleben, innehalten, erst dann können zweckgerichtete Gedanken folgen. Einfach an ihrer Stelle zu handeln und über sie hinweg zu bestimmen zeugt jedoch von mangelndem Respekt vor ihnen und ihrer Lage. Hilfe und Unterstützung heißt in diesem Fall, die Betroffenen zu eigenen Entscheidungen zu führen, sie im Rahmen des Möglichen einzubeziehen und dann mit ihnen abzustimmen, was man ihnen abnehmen kann. Jeder ist gefragt, an seiner Stelle dazu einen Beitrag zu leisten, nicht mehr und nicht weniger.

Als Margrets Vater gestorben ist, führt die erfahrene Floristin sie sachkundig und ruhig dahin, einen für sie passenden und ausdrucksvollen Blumenschmuck auszuwählen. Das empfindet Margret in diesem Augenblick wie auch in der Erinnerung als hilfreicher und tröstlicher, als wenn die Floristin ebenfalls betroffen und traurig gewesen wäre – oder geglaubt hätte, so tun zu müssen. Als Hanna und Bernd mit ihrem Handwerksbetrieb Konkurs anmelden müssen, sind sie verzweifelt, enttäuscht, aber auch beschämt. Es ist ihnen peinlich, sich im Dorf sehen zu lassen. Eine Bekannte aus dem Sportverein kommt, sofort nachdem sie davon erfahren hat, mit Kuchen vorbei. Sie trinken zusammen Kaffee und reden, kurz über ihre Lage, dann aber auch über anderes. Hanna vergisst nie, wie gut ihr das getan hat: »Keine Hilfsangebote, kein Dramatisieren, einfach nicht alleine damit sein – irgendwie war durch den Besuch alles wieder etwas normalisiert.«

In diesem Sinne Helfende sind gute Geister, und sie wirken in einem guten Geist. In der christlichen Tradition ist ein Engel jemand, der dann kommt, wenn wir aus eigener Kraft nichts mehr tun können, und der uns *einen* entscheidenden Schritt weiter hilft. Eine spontane Handlung, eine unerwartete Begegnung, ein scheinbarer Zufall, eine plötzliche Erkenntnis weisen uns neue Wege. Was gläubige Menschen als Gotteserfahrung einordnen, kann man auf einer anderen Ebene auch mit Menschen erleben. Viele erfahrene Pädagogen handeln nach dem Prinzip »Was auch immer passiert, auf jeden Fall dicht dranbleiben!« Das bedeutet, einen anderen Menschen auch dann nicht aufzugeben, wenn ich enttäuscht bin, wenn ich nicht verstehe, wenn ich selbst drohe entmutigt zu sein. Wir können füreinander segensreich wirken, indem wir alles tun, damit *der andere* sich wertvoll und in Ordnung fühlt. Respektvolle und achtsame Hilfe bedeutet, den Selbstwert des anderen zu stärken. Das gelingt gerade nicht, indem Sie ihm alles aus der Hand nehmen. Das gelingt eher, indem Sie ihn darin unterstützen, seine eigenen Entscheidungen zu treffen und selbst zu tun, was ihm möglich ist.

Oft untergraben Starke ungewollt das Selbstwertgefühl anderer, indem sie ihnen zeigen, wie viel schneller oder effizienter sie die Dinge erledigen können. Starken Menschen fällt es manchmal sehr schwer zu akzeptieren, dass sie den individuellen Resilienzprozess anderer weder beschleunigen noch abkürzen können. Sie können aber verstehen lernen, dass das auch nicht ihre Aufgabe ist. Das Beste, was sie für den anderen tun können, ist diesen heilsamen Prozess nicht zu behindern, beispielsweise durch vorschnelle Hilfsangebote. Sie können verschiedene Wege zeigen, gehen muss ihn jeder selbst. Ihr Beitrag kann darin bestehen, den anderen die wichtige Erfahrung machen zu lassen, nicht allein mit einem Geschehen zu sein, wenigstens vorübergehend Verständnis und Trost zu erfahren. Damit ist kein oberflächliches Vertrösten oder schnelles Abspeisen gemeint. Das Wort Trost kommt aus dem indogermanischen Wortstamm »treu« und bedeutet »innere Festigkeit«. Das griechische Wort für Trost bedeutet auch »Ermutigung«. In diesem Sinne heißt trösten, den Schmerz zu mildern durch die Erkenntnis »Es ist nicht alles aus« oder durch die Erfahrung »Ich habe noch Menschen, die mir nahestehen«.[24] Es tut allen Beteiligten gut, die Aufmerksamkeit auf die Frage zu lenken: »Was kann ich – statt ihm zu »helfen« – zur Stärkung meines Gegenübers tun?« Damit erübrigt sich der Aktionismus, unbedingt anstelle des anderen handeln zu müssen. Keine noch so gut begleitete Trauergruppe kann ihren Besuchern die Trauer nehmen. Der individuelle Verlauf kann aber für Einzelne kürzer oder leichter werden, wenn sie die Erfahrung machen »Ich war wieder unter Menschen« oder wenn sie erleben »Andere haben es auch geschafft«. Das Verdienst der Initiatoren ist es, dass sie einen Rahmen schaffen, in dem solche kleinen Schritte und Erfahrungen möglich sind.

40 Millionen Deutsche engagieren sich ehrenamtlich, davon 22 Millionen dauerhaft. Dabei machen sie die Erfah-

rung, dass ihnen auch selbst wieder Energie zufließt, indem sie sich um andere kümmern. In Gemeinschaft und Verbundenheit mit anderen zu leben kann ein stärkender Faktor sein, der für alle Beteiligten wirksam ist, ob sie auf der Geberseite sind oder auf der Nehmerseite. Freiwilliges Helfen löst gute Gefühle aus, wirkt Stress entgegen und fördert die Gesundheit.[25] Das sogenannte »Helper's High« – ein intensives Hochgefühl, das erleben kann, wer anderen Menschen Gutes tut – stellt sich jedoch nur unter bestimmten Voraussetzungen ein: Es muss zwar ein persönlicher Kontakt zwischen Helfer und Hilfsbedürftigem vorhanden sein, aber es müssen Fremde sein. Ausschlaggebend ist dabei nämlich, dass man selbst die freie Entscheidung darüber hat, ob man hilft oder nicht. Wenn aber Angehörige oder enge Freunde Hilfe brauchen, dann glauben die meisten diese Wahl nicht zu haben. Aus falsch verstandener Verpflichtung oder Schuldbewusstsein opfern sie sich manchmal sogar auf und tun mehr, als sie aus freier Entscheidung wollen oder von ihren Möglichkeiten her können, bis sie dabei auf lange Sicht ihre Stärke einbüßen.

Dauerkranke Angehörige in der Familie bedeuten eine ständige Belastung und Bedrohung, mit der alle Beteiligten leben müssen. Sie wissen, dass die Behinderungen oder Beeinträchtigungen schlimmer werden, sie befürchten, dass die Kranken sterben könnten, sie müssen die Ungewissheit aushalten, was der nächste Tag bringt. Für Kinder wie für Erwachsene ist es trotz und gerade angesichts dieser enormen Belastung psychisch überlebenswichtig, einen möglichst normalen Alltag zu leben. Sie brauchen Freiräume für eigene Freunde, persönliche Interessen und private Zeiten für Erholung, damit die Krankheit oder Behinderung nicht alle Bereiche des familiären und individuellen Lebens beherrscht. Es beeinträchtigt das Selbstwertgefühl vieler Kinder und Erwachsener, wenn ihre Familie in Schwierigkeiten ist und auf Hilfe und Ressourcen von außen angewiesen ist. Viele berauben sich der Möglichkeiten wirksame Resilienzfaktoren aufzubauen und zu nutzen, weil sie sich aus Stolz und Scham abschotten.[26] Manchmal lassen sich die scheinbar stärkeren Personen in einem System auch so vereinnahmen, dass sie ihr eigenes Lebenskonzept und ihre eigene Entwicklung ganz zurückstellen oder sogar aufgeben. Der Satz »Was würde ich bloß machen ohne dich …« kann für loyale pflichtbewusste Menschen wie ein Klebstoff wirken und verhindern, dass sie Entwicklungsschritte machen können, die ihnen in ihrer Lebensphase entsprechen würden. Solche Muster entstehen oft schon in der Kindheit und werden unter Umständen in erwachsenen Beziehungen wieder wirksam, ohne dass die betreffenden Personen auf den ersten Blick erkennen können, woher sie stammen.

Solange eine Balance zwischen Risiko- und Schutzfaktoren hergestellt werden kann, können Menschen auch mit schwierigsten Bedingungen umgehen. Stress erzeugende Lebensereignisse erhöhen die Verletzlichkeit, schützende Faktoren stärken die Widerstandskraft. Die Balance dazwischen muss immer wieder austariert werden. Eine entscheidende Maßnahme besteht darin, die tragende Rolle der gesunden Person oder Personen anzuerkennen und gleichzeitig deren eigene und wie auch fremde Ansprüche auf ein tragbares Maß zu reduzieren. Gerade »gute Geister« brauchen auch Beziehungen, in denen sie einmal nicht »arbeiten«, in denen sie nicht die Starken oder die Professionellen sind. Sie brauchen Beziehungen, in denen ihre eigene Bedürftigkeit bedient wird. Voraussetzung dafür ist, dass sie sich diese Bedürftigkeit eingestehen und sie akzeptieren. Die eigenen Bedürfnisse angemessen zu berücksichtigen ist etwas anderes als Egoismus. Es hat nichts damit zu tun, nur an sich zu denken und jedem Impuls nachzugeben. Die Grundbedürfnisse sichern unser körperliches, mentales und seelisches Überleben. Sie umfassen auch das Bestreben, Verbundenheit zu anderen zu haben, sich zugehörig zu einer Gemeinschaft zu fühlen und etwas Sinnvolles in der Welt zu bewirken. Wenn wir im Einklang mit unseren Bedürfnissen für andere segensreich wirken können, fließt uns Energie zu. Starke, die ihre eigenen Bedürfnisse ständig übergehen, leugnen ihre Anfälligkeit und Verwundbarkeit. Sie werden blind für das, was die vermeintlich Schwächeren zu geben haben, und sie werden blind dafür, dass sie sich jederzeit selbst auf der anderen Seite wiederfinden können. Wer gesund ist und leistungsfähig, macht sich nämlich in der Regel nicht bewusst, dass er *derzeit* gesund ist, *im Augenblick* leistungsfähig oder *noch nicht* eingeschränkt. Das Blatt kann sich jederzeit wenden, und die Starken finden sich in einer ungeübten Rolle wieder, für die sie das Verhaltensrepertoire erst noch lernen müssen. Doch auch Hilfe anzunehmen kann eine aktive Selbststeuerung sein, indem ich beispielsweise das eigene Kommunikationsverhalten anpasse und erweitere um die Kategorien erklären, bitten, andere ansprechen.

Nur wer aus dem Selbstbild des immer Gebenden und Starken heraustritt, kann Dankbarkeit empfinden. Manche wehren sich dagegen, Gefälligkeiten oder Hilfe von anderen anzunehmen, weil sie niemandem etwas schuldig sein wollen. Menschen, die glauben, jemandem einen Dank zu schulden, berichten in Studien über Ärgergefühle und Unzufriedenheit. Dankbarkeit, die man glaubt zeigen zu müssen, ist so wertlos wie eine eingeforderte Entschuldigung. Wenn man es jedoch aus sich heraus empfindet, ist das Gefühl der Dankbarkeit wertvoll und erfüllend. Es schützt vor Enttäuschungen und Verbitterung, nimmt den Nackenschlägen des Schicksals viel von ihrer Kraft. »Dankbarkeit schafft ein Kontrasterleben. Ganz so, wie man sich nach einem harten Winter über den Frühling freut.«[27] Dankbare sind insgesamt zufriedener mit ihrem Leben und leiden weniger unter depressiven Verstimmungen und körperlichen Beschwerden.

Dankbar können wir für vieles sein, gegenüber anderen Menschen, auch uns selbst gegenüber oder einer übergeordneten Macht. Oft sind wir jedoch blind für das, was wir haben – an materiellen Gütern, an Unterstützung, an Liebe und Zuneigung. Stattdessen nehmen wir nur wahr, was wir nicht haben. Das steigert die Begehrlichkeit nach immer neuen Dingen, Erfahrungen und Beziehungen. Doch je mehr wir auf diese Weise konsumieren, umso größer wird unser Gefühl des Mangels und der Leere. Einen Weg aus dieser Sackgasse bietet die aus Japan stammende Meditationspraxis des Naikan. Sie ist mittlerweile für den Alltag westlicher Menschen vielfältig abgewandelt worden. Im Naikan können wir mithilfe von drei einfachen Fragen unsere Beziehungen zu den Mitmenschen und zur Umwelt in neuem Licht sehen und positiv verwandeln:

Was habe ich für eine Person getan? Was hat die Person für mich getan? Womit habe ich dieser Person Schwierigkeiten bereitet?

Die achtsame und wiederholte Beantwortung dieser Fragen lässt uns erkennen, dass wir inmitten einer Fülle von unterstützenden Beziehungen leben und dass die Quelle unserer Kraft in unserer Verbundenheit mit der Welt liegt. Aus dieser radikal neuen Betrachtungsweise erwächst eine Dankbarkeit, die uns mit tiefer Freude und Versöhnlichkeit auf die Welt schauen lässt. Aus der Kraft dieser Dankbarkeit können wir Gier und Neid überwinden und das genießen und wertschätzen, was uns gegeben wird.

Wenn Helfen Sie deprimiert und auslaugt, muss das nicht nur daran liegen, dass Sie zu viel geben. Es kann auch sein, dass eine bestimmte Anforderung oder Tätigkeit nicht die richtige für Sie ist. In Verbundenheit zu leben muss nicht immer heißen, dass Sie sich in der direkten Beziehung einsetzen. Manche haben ihre Talente nicht in erster Linie darin. Sie können sich auch an einer ganz anderen Stelle einbringen in die Gemeinschaft, die Ihren Begabungen und Möglichkeiten entspricht. So bewirken Sie unter Umständen mehr, als Sie durch direkte Zuwendung je vermocht hätten. Das zeigt eindrucksvoll die etwas andere Geschichte vom barmherzigen Samariter.

In dieser geht der Samariter ein zweites, drittes, viertes, fünftes Mal von Jerusalem nach Jericho, findet jedes Mal an der gleichen Stelle einen Verwundeten, versorgt ihn an Ort und Stelle mit dem Nötigsten, lädt in jeweils auf seinen Esel und bringt ihn zur weiteren Versorgung in die nächste Herberge. Und der Samariter geht hundertmal, tausendmal und findet immer an der gleichen Stelle einen Verwundeten, versorgt ihn und bringt ihn zur Herberge. Als er aber zum 2333. Mal nach Jericho geht und wieder einen Verwundeten findet, versorgt er ihn zwar und lädt ihn auch wieder auf seinen Esel. Doch er lässt den Esel mit dem Verwundeten allein zur Herberge laufen. Es »*war ihm nämlich plötzlich die Erleuchtung gekommen, dass es eine andere – vielleicht bessere – Qualität von Barmherzigkeit sei, sich vorsorglich und zwar resolut, mit dem Räubernest zu befassen, statt nachträglich Heftpflaster auszuteilen. Diese Erfahrung prägte er sich ein. Von da an war er trotz weniger Arbeit ein immer besserer und noch barmherziger Samariter – eben ein anderer.«*[28]

Diese Art der Hilfe verdient genauso viel Dankbarkeit wie die Versorgung von Angesicht zu Angesicht. Vielleicht kommt Ihnen diese Art des Einsatzes viel mehr entgegen – und Sie quälen sich stattdessen mit einem unangemessenen »schlechten Gewissen«, weil salben und verwöhnen nicht Ihre Gabe ist? Das kostet Sie unnötig viel Energie – und hilft nicht wirklich, weil das Ergebnis mäßig bleiben wird. Beziehung und Verbundenheit lässt sich auf sehr unterschiedliche Weise leben und ausdrücken. Finden Sie eine Art, die Ihnen liegt und die Sie aus freiem Herzen anbieten können. So können Sie anderen authentische Wertschätzung entgegenbringen, die beiden Seiten Respekt zollt.

Pinnwand-Memos

- Beistand zu geben statt Hilfe zu leisten lässt dem anderen seine Würde und mir meine Freiheit.
- Stark sein und belastbar heißt <u>im Moment</u> stark sein oder <u>noch</u> belastbar. Es kann sich jederzeit ändern.
- Wir können einander nicht mehr geben, als wir füreinander übrig haben.[29]

Wie starke Menschen ihr soziales Engagement erhalten

▶ Bevor Sie andere versorgen, achten Sie darauf, dass Sie selbst ausreichend Wasser und Dünger haben. Sie können für andere auf Dauer nicht segensreich wirken, wenn Sie sich verausgaben.

▶ Beobachten Sie, welche verbalen oder nonverbalen Äußerungen von anderen Sie automatisch als Appell aufnehmen, sofort aktiv zu werden? Halten Sie inne und klären Sie für sich, was und wie viel Sie tatsächlich aus freien Stücken tun wollen.

▶ Wenn Ihnen Ihre Gewohnheit, viel für andere zu tun, zur Belastung wird, fragen Sie sich, womit Sie diesem Menschen eine Freude bereiten könnten, ohne sich so anzustrengen. Was ist schon schön ohne ein besonderes Zutun?

▶ Gewöhnen Sie sich an, Ihre Aufmerksamkeit darauf zu richten, was Sie zur Stärkung und zur Stärke der anderen beitragen können, statt ihnen vorschnell ihre Dinge aus der Hand zu nehmen.

Strategie Nr. 7:
Vergangenheit und Gegenwart für eine gute Zukunft nutzen

Till fühlt sich mit seiner Arbeit als Filialleiter einer gut gehenden Großbuchhandlung sehr zufrieden und ausgefüllt. Seine Ausbildungszeit zum Buchhändler ist ihm hingegen in denkbar schlechter Erinnerung. Doch danach geht es für ihn beruflich aufwärts, und er kann seine fachlichen und sozialen Kompetenzen gut entwickeln. Privat sieht die Situation nicht ganz so positiv aus. Seine aktuellen Probleme führt Till zum größten Teil auf die schlechten Erfahrungen der Vergangenheit zurück. Zwei gescheiterte Beziehungen haben ihn skeptisch und hoffnungslos werden lassen. Von der ersten Partnerin fühlt er sich nach wenigen Monaten ausgenutzt. Nachdem er sich alle Mühe gegeben hat, sich in ihre Familie zu integrieren, schiebt sie ihm immer mehr den Part zu, sich um ihre Eltern zu kümmern. Er schneidet die Bäume, macht kleine Reparaturen am Haus, während seine Freundin sich ausruht oder in der Stadt vergnügt. Weder von ihr noch von ihren Eltern fühlt er sich dafür anerkannt. Dennoch harrt er lange in der Beziehung aus, bis die Freundin schließlich die Verbindung löst. Die Familie seiner zweiten Freundin will er gar nicht erst kennen lernen. Die Beziehung geht in die Brüche, als Till dahinterkommt, dass sie ihn mit einem Kollegen betrügt.

Nun hat Till seit acht Monaten in Marion eine neue Partnerin gefunden, die ihn sehr liebt und bei der er sich so geborgen fühlt wie noch nie. Doch immer wieder zettelt er Streitigkeiten mit ihr an, die die Beziehung belasten. Mal geht es darum, dass sie das Auto nicht gründlich gesaugt hat, nachdem sie am Strand war, mal hat sie seine Unterlagen auf dem Schreibtisch durcheinandergebracht. Jedes Mal wertet Till diese nichtigen Vorfälle als Beweis dafür, dass sie ihn nicht ernst nimmt. Einerseits ist er überzeugt, dass auch diese Liebe keine Zukunft hat, andererseits ist er mit Marion sehr glücklich. In seiner Unschlüssigkeit sucht er einen Coach auf, um mit seiner Hilfe zu verstehen, was da abläuft. Im Coaching wird Till klar, welche Steine er sich und Marion in den Weg legt. Er sucht nach kleinsten Anzeichen, die ihn in seiner Befürchtung bestätigen. Ein nichtiger Anlass genügt, dass er destruktiv wird und seine selbsterfüllende Prophezeiung eintritt: Sie streiten sich wieder mal, ohne genau den Grund nachvollziehen zu können, und Till glaubt sicher, dass er sich in Marion getäuscht hat. Die Erkenntnis, dass er dabei ist, seine Zukunft zu zerstören, weil er davon ausgeht, dass die Erfahrungen der Vergangenheit sich wiederholen werden, macht ihn betroffen und nachdenklich. Ihm wird klar, dass er die Vergangenheit nicht ändern kann, dass er aber in der Gegenwart anfangen muss, die Weichen für eine bessere Zukunft zu stellen. Am Beispiel seines beruflichen Werdegangs erkennt er, dass es an ihm selbst liegt, wie diese Zukunft aussieht.

Wann und wie auch immer Sie sich Ziele setzen oder Vorsätze fassen, gestalten Sie Ihre Zukunft. In der Gegenwart handeln wir einfach, wir tun oder lassen etwas im Augenblick. Doch alles, was Sie entscheiden, und jedes Ziel, das Sie sich setzen, betrifft Ihre Zukunft. Die Vergangenheit ist definitiv nicht mehr zu ändern, Ihr Tun in der Gegenwart stellt die Weichen dafür, was in Zukunft gelten soll. Doch lassen wir häufig Entscheidungen für die Zukunft von der Vergangenheit bestimmen. Aus Angst vor Verlusten halten wir an einmal getroffenen Beschlüssen fest, selbst wenn diese sich als unerfreulich oder ungünstig herausstellen.[30] Diese Kosten gehören aber in jedem Fall der Vergangenheit an, deshalb sollten wir die Entscheidungen in der Gegenwart unabhängig davon fällen. Auch die größten Investitionen und Verluste in der Vergangenheit machen ein »Mehr desselben« für die Zukunft nicht richtiger. Die Redensart, dass man gutes Geld nicht schlechtem hinterherwerfen soll, veranschaulicht dieses Prinzip im finanziellen Bereich. Genau so kann der Entschluss angebracht sein, die Pflege der Mutter in andere Hände zu geben, wenn man davon erschöpft ist, auch wenn man schon fünf Jahre durchgehalten hat. Die Kräfte werden ja nicht mehr, nur weil ich es schon so lange mache. Im Gegenteil, die Vergangenheit liefert ja gerade die Erfahrung – und nicht nur die Vermutung –, dass ich mich damit überfordere. »Alte« Entscheidungen stehen immer wieder auf dem Prüfstand. Wenn sie nicht zukunftstauglich sind, können und sollten sie jederzeit revidiert werden. Um eine Niederlage gut zu bewältigen, ist es unbedingt notwendig, dass Sie die Bindung an das gescheiterte Vorhaben oder das nicht erreichbare Ziel lösen und *zugleich* nach einer Alternative suchen. Wer lediglich seine Anstrengungen herunterfährt, dem verfehlten Ziel aber ewig nachtrauert, wird sich schwer von den nicht realisierbaren Plänen verabschieden und neue Ziele finden können. Ebenso fruchtlos ist es, wenn Sie sich emotional von einem gescheiterten Projekt lösen, aber keine Alternative dazu finden. Wenn sich eine Tür schließt, öffnet sich eine andere. Solange Sie ein neues Ziel wählen, während Sie ein altes aufgeben, schauen Sie nach vorn und bleiben zukunftsorientiert. Neue Ziele schützen überdies vor Depressionen, wie Studien belegen.[31]

Vielleicht ist Ihnen das auch schon passiert? Sie treffen eine spontane Entscheidung, um unmittelbaren Ärger oder Konflikt zu vermeiden, handeln sich genau damit aber langfristig Probleme ein. Was Ihnen im Augenblick Luft zu verschaffen scheint, kann Sie in Zukunft in noch größere Schwierigkeiten bringen. Um sich nicht den enttäuschten Blicken Ihrer Mutter auszusetzen, versprechen Sie ihr den gemeinsamen Besuch bei Tante Hannelore zu Ostern. Weil Sie in Eile sind, sagen Sie dem Kunden einen Termin am Wochenende zu. Sie drücken sich davor, Ihrer

Freundin klar zu sagen, dass Sie nicht mit ihr in Urlaub fahren werden. Je länger Sie die Freundin unausgesprochen Pläne schmieden lassen, desto unangenehmer und heikler wird die Absage. Solche Versprechen und Unklarheiten sind Schulden, die Sie belasten. Wer sich angewöhnt, die zukünftigen Konsequenzen nicht zu verdrängen, sondern (mit) zu bedenken, kann dieses Kräfte raubende Vermeidungsverhalten nach und nach aufgeben. Entschließen Sie sich stattdessen gleich an Ort und Stelle zu einer ehrlichen und klaren Aussage, gehen Sie nicht mit so vielen Altlasten in die nahe Zukunft. Doch manche starken Menschen glauben genug Power zu haben, um sich nichts entgehen lassen zu müssen. Sie machen sich gerade dadurch Druck und Stress, dass sie versuchen sich möglichst viele Türen offenzuhalten. Dabei prüfen sie gar nicht mehr, welche davon für sie und ihre Lebensziele wirklich wichtig sind.[32] Sie halten nichtssagende Beziehungen aufrecht, sie bringen zu viele Projekte ins Laufen, verzetteln sich in zu vielen Vorsätzen oder widmen sich halbherzig zu vielen Interessen. Denn jede Entscheidung *für* etwas ist gleichzeitig eine Entscheidung *gegen* etwas anderes, und diesen Verzicht wollen sie sich ersparen. Der amerikanische Psychologe Barry Schwartz[33] hält den Hang sich alles offenzuhalten, bis man *die* richtige und optimale Wahl getroffen hat, für eine Hauptursache, dass diese »Maximizer« unzufrieden und überlastet sind. »Satisficer« dagegen legen sich fest, wenn sie etwas gefunden haben, das für sie »gut genug« ist. Nachdem sie sich entschieden und ihre Wahl getroffen haben, machen sie sich keine weiteren Gedanken darüber, ob es noch etwas Besseres, Richtigeres gibt. Ganz geich, ob es sich um eine Käsesorte, eine Wohnung oder einen Lebenspartner handelt. Der einzige Gradmesser, den wir für unsere Entscheidungen haben, ist das Ausmaß unserer Zufriedenheit. Das aber stellt sich erst in der Zukunft heraus. In der akuten Entscheidungssituation steht diese Erkenntnis noch gar nicht zur Verfügung. Die Erfahrung zeigt, dass Menschen sich aber mit einer »falschen« Entscheidung eher aussöhnen können, wenn sie etwas gewagt haben und ihren Gefühlen gefolgt sind.

Wenn Sie sich unangenehme Erlebnisse ins Gedächtnis rufen oder in erfreulichen Erinnerungen schwelgen, rufen Sie Ihre Vergangenheit wach. Sobald Sie über den Augenblick hinausdenken oder Pläne schmieden – und seien sie auch noch so diffus –, beginnen Sie sich eine Vorstellung von Ihrer Zukunft zu machen. Manche neigen dabei zu düsteren Bildern, weil sie mehr von Befürchtungen als von Hoffnungen beeinflusst sind, andere tendieren dazu, die Zukunft in einem rosigen Licht zu sehen. In jedem Fall entwickelt jeder mehr oder weniger bewusst seine subjektive Vorstellung davon, was nach der Gegenwart kommen könnte.

MACHER arbeiten als Handlungsmenschen der Gegenwart nach dem Motto »Was weg ist, ist weg!« gern möglichst viele Dinge umgehend ab. Doch nur weil sie im Augenblick die Energie dafür aufbringen können, ist eine Tätigkeit oder eine Intervention noch nicht zielführend oder zukunftstauglich. Wer zu geschäftig in momentanen Aktivitäten ist, verliert leicht den Bezug dazu, wozu er sich eigentlich abrackert. Langfristige Ziele und damit Sinn und Zweck des eigenen Tuns geraten aus dem Blick und werden folglich nicht mehr hinterfragt. Womöglich verschwenden Macher auf diese Weise sogar wertvolle Energie, die sie nötiger für langfristige Zielsetzung bräuchten.

Auch KÜMMERER geben in der Regel der Gegenwart mehr Raum als der Zukunft. Sie neigen dazu, ihre eigenen Ziele aus den Augen zu verlieren, sobald sie mit den Bedürfnissen anderer konfrontiert sind. Häufig beschäftigen sie sich mehr mit der Zukunft anderer als mit ihrer eigenen. Sie blenden die Frage aus, was es für sie bedeutet, den Einsatz, den sie aktuell bringen, über einen längeren Zeitraum aufrechtzuerhalten. Kümmerer sind es meist nicht gewohnt, sich von Hilfsbedürftigen auch wieder zu verabschieden und sich um ihre eigene Zukunft zu kümmern. Nicht viele stellen sich die Frage, wie ihre eigene Zukunft aussieht, wenn sie sich nicht mehr um andere kümmern oder ihnen weiterhelfen können. Die ehrlichen Antworten darauf weisen sie auf den Handlungsbedarf in der Gegenwart hin.

FUNKTIONIERER sind mit ihrer Aufmerksamkeit viel in der Zukunft. Ihre Ziele haben sie in strukturierte Pläne gefasst und damit vor Augen. Indem sie sich für alle Eventualitäten zu wappnen versuchen und Plan B und C parat haben, versuchen sie künftigen Schwierigkeiten vorzubeugen. Es kann Funktionierer ziemlich aus dem Konzept bringen, wenn trotz ihres Vorausdenkens etwas Unvorhergesehenes eintritt, das sie nicht bedacht haben. Kommen sie unter Druck, reagieren sie oft mit kleinschrittigen Planungen. Sie laufen Gefahr, so im Vorbereiten aufzugehen, dass sie die Möglichkeiten zum spontanen Handeln und Improvisieren im Jetzt vernachlässigen und gute Gelegenheiten, die sich überraschend bieten, nicht wahrnehmen.

Wir unterscheiden uns also darin, auf welche Zeiträume wir vorrangig unsere Aufmerksamkeit richten und ob wir dabei eher kurzfristig oder eher langfristig orientiert sind.

Oftmals lässt nur der Blick in die Zukunft Menschen die Probleme und Schwierigkeiten der Gegenwart ertragen. In Zeiten großer Belastung kann eine zu ausgeprägte Zukunftsorientierung aber auch hinderlich sein. Sie führt ständig das gesamte Ausmaß der Last vor Augen. Dabei nicht mutlos zu werden und darunter nicht zusammenzubrechen kostet zusätzliche Kraft. Zuerst sollten Sie sich vergewissern, dass Sie Ihr gegenwärtiges Tun im Hinblick auf Ihre Werte und Ziele langfristig für eine sinnvolle Lösung halten. Für das weitere Handeln in der Gegenwart ist dann jedoch der Blick auf die kleinen Schritte wichtig, die jetzt zu tun sind, ohne sich von dem Ausmaß des gesamten Vorhabens lähmen zu lassen. Ein großes Arbeitspensum ist besser zu schaffen, indem Sie sich ganz auf das Wesentliche und in der Gegenwart Machbare konzentrieren.

Ein wunderbares Beispiel für diese Strategie bietet Beppo Straßenfeger in Michael Endes Roman »Momo«: »Ein Atemzug – ein Besenstrich – und am Ende hast du die ganze Straße gefegt.«[34] Auf diese Weise lassen sich auch eingefahrene Verhaltens- und Denkmuster ändern. Einmalige Erfolgsstorys von Selbstveränderung lassen manchmal aufhorchen oder auch neidisch werden. Natürlich können Schlüsselerlebnisse so aufrüttelnd wirken, dass sie von jetzt auf gleich eine durchschlagende Verhaltensänderung ermöglichen. Dennoch bleibt Selbstveränderung ein Prozess, der meist erst nach mehreren Anläufen gelingt. Nur wenige Menschen schaffen es, sich von heute auf morgen von schlechten Gewohnheiten und Suchtverhalten zu verabschieden oder belastende Situationen aufzugeben. 25 Prozent aller guten Vorsätze scheitern nach durchschnittlich fünfzehn Wochen. Die überwältigende Mehrheit braucht in der Regel mindestens fünf bis sechs Anläufe, bis sie ihr Ziel erreicht hat.[35] Auf lange

Sicht führen gerade kleinste Veränderungen zu erstaunlichen Ergebnissen, wenn sie ganz regelmäßig geübt werden, bis sie zur Gewohnheit geworden sind. Wenn Sie zu einem Thema täglich zehn Seiten lesen und das konsequent durchziehen, haben Sie am Ende des Jahres 3650 Seiten mehr dazu gelesen als jemand, der das nicht macht. Statt Fachliteratur zu wälzen könnten stark belastete Menschen sich nach und nach angewöhnen, täglich zehn oder zwanzig ungestörte Minuten nur für sich einzurichten. Oder sie üben ein, sich grundsätzlich eine bestimmte Bedenkzeit zu erlauben, bevor sie auf Bitten oder Wünsche von anderen reagieren. Schritt für Schritt neue innere Regeln und Reaktionsweisen einüben bewahrt Sie vor der Falle, dass Sie durch Unachtsamkeit spontan wieder in Ihrem alten Muster reagieren und es so immer wieder verstärken. Ihre Zukunft gestalten Sie auf diese Weise wesentlich effektiver und nachhaltiger als mit einmaligen (Gewalt-)Aktionen.

Starke, die viel Verantwortung für andere übernehmen, tun das häufig nicht nur in aktuellen Situationen. Sie kümmern sich auch noch um die Zukunft anderer. Doch jeder hat seine eigene Zukunft, wir teilen in aller Regel nur ein kurzes oder auch längeres Stück des Weges. In vielen Fällen liegt es schon auf der Hand, dass die momentane Lösung nicht in alle Ewigkeit so weitergehen kann. Dann geben Überlegungen, wie die Zukunft des anderen aussieht oder aussehen kann, dem Gegenüber die Verantwortung für seine Entscheidungen und sein Leben zurück.

Pinnwand-Memos

▨ Wenn eine Tür zugeht, geht eine andere auf.

▨ Morgen ist auch noch ein Tag. Nicht alles muss sofort angepackt werden.

▨ Wer sich in der Gegenwart zu sehr verausgabt, beeinträchtigt seine Zukunft.

Wie starke Menschen Einfluss auf ihre Zukunft nehmen

▶ Nutzen Sie die Fähigkeit, in die Zukunft vorauszudenken und vorauszufühlen, um Sinn und Nutzen Ihres aktuellen Tuns zu bewerten: Was wird dabei herauskommen? Wofür ist das gut? Wozu dient es letztendlich? Das bewahrt Sie davor, im Jetzt in blinden Aktionismus zu verfallen.

▶ Wenn Sie Angst davor haben, eine Tür endgültig zu schließen, kann das 10-10-10-Modell eine gute Entscheidungshilfe sein: Welche Auswirkungen hat eine Entscheidung in 10 Minuten, in 10 Monaten und in 10 Jahren?[36]

▶ Indem Sie Ihre Gewohnheiten in kleinen Schritten ändern, können Sie großen Einfluss darauf nehmen, wie Sie in Zukunft positiv mit Ihren Kräften umgehen.

▶ Lassen Sie anderen Menschen getrost ihre eigene Zukunft und die Verantwortung dafür. Sie müssen und können nicht für jeden und für alle Fälle vorbauen.

3.3 Hindernisse und ihre Überwindung

Starke Menschen verfügen also über viele Strategien, die resilient machen, setzen diese aber unter Umständen so ein, dass sie sich selbst auf lange Sicht schwächen. Natürlich wissen sie, dass ein Raubbau an ihren Kräften ihnen gesundheitlichen Schaden zufügen kann. Nicht wenige spüren körperliche Warnsignale von Verspannungen unterschiedlichster Art über Schmerzreaktionen bis hin zum Nerven raubenden Tinnitus. Was hindert sie trotz besseren Wissens daran, pfleglicher mit sich selbst umzugehen und sich nicht dauerhaft zu überfordern? Welche Blockaden erschweren es ihnen, dass sie sich selbst und anderen ihre Grenzen eingestehen und zugestehen? Wieso gelingt es gerade starken Menschen oft nicht, Schwierigkeiten und Krisen so zu bewältigen, dass sie daran wachsen? Warum finden gerade sie sich am Ende ausgepowert wieder?

Es gibt unterschiedliche Motivationen und Gründe, weshalb Menschen selbstschädigende Verhaltensweisen wählen beziehungsweise lange Zeit beibehalten. Es könnte ihr Selbstbild als Starke erschüttern, wenn sie zugeben, dass sie sich in eine energetische Sackgasse manövriert haben. Möglicherweise befürchten sie, andere zu enttäuschen, ihren Erwartungen nicht oder nicht mehr zu entsprechen. Damit würden sie die Anerkennung aufs Spiel setzen, die sie durch ihren unermüdlichen Einsatz bekommen oder zu bekommen hoffen. Sie müssten darauf verzichten, als einflussreiche und kompetente Person zu gelten. Sie müssten ein paar Fäden aus der Hand geben und Kontrolle über das, was passiert oder passieren soll, abgeben. Derartige Konsequenzen durchdenken und bedenken wir in der Regel nicht bewusst, sie bremsen aus dem

Unterbewusstsein heraus unsere Möglichkeiten zur substanziellen Veränderung. Auf der bewussten Ebene wundern wir uns nur manchmal, dass wir immer wieder Dinge tun, die wir doch »eigentlich« gar nicht tun wollen und die uns zumindest langfristig nicht guttun.

1. Mentale Barrieren: Glaubenssätze

Es sind auch bei starken Menschen gerade die eigenen Gedanken und Überzeugungen, die ihrer Resilienz entgegenstehen können. Wir alle gestalten unser Leben unter dem Einfluss eines großen Bündels von Glaubenssätzen. Sie geben uns Orientierung und steuern unser Handeln. Diese Leitsätze entstehen, indem wir aus Erfahrungen, die wir oder andere im Leben gemacht haben, Schlussfolgerungen ziehen, die wir dann verallgemeinern. Vielleicht haben Sie als Frau erlebt, wie Ihr mittelmäßiger Kollege bei einer Beförderung begünstigt wird, und ziehen daraus den Schluss »Frauen müssen mehr leisten als Männer, um voranzukommen«. Vielleicht übernehmen Sie die Überzeugung Ihrer Freundin »Man kann sich nur auf sich selbst verlassen«, weil Sie ihre abgrundtiefe Enttäuschung gut nachvollziehen können und sich unter Umständen sogar mit ihr identifizieren. Niemals hätte sie erwartet, dass ihre Familie sie im Stich lässt, als sie sich von ihrem untreuen Mann trennen will. Vielleicht sind Sie aber auch mit dem Lebensmotto Ihrer Großmutter aufgewachsen: »Selbst ist die Frau!« Weder verbinden Sie eigene Erfahrungen damit, noch wissen Sie, welche Erlebnisse Ihre Großmutter zu diesem Glaubenssatz gebracht haben. Es ist einfach die ständige Wiederholung, die dafür gesorgt hat, dass er sich bei Ihnen eingeprägt hat.

Egal ob sie auf eigenen, nachvollziehbaren oder verall-
gemeinerbaren Erfahrungen beruhen oder nicht: Glaubenssätze sinken ins Unterbewusstsein und steuern von
dort unser Handeln. Sie bestimmen, welche Auswirkungen möglichen Tuns wir befürchten oder erhoffen. Sie
stellen die Weichen für das, was wir tun oder nicht tun,
noch bevor wir einen bewussten Gedanken dazu fassen.
Diese Glaubenssätze ersparen uns also, uns in jeder Situation ganz neu orientieren und entscheiden zu müssen.

Für die Bewältigung routinemäßiger wie auch komplexer Anforderungen des Alltags ist diese ökonomische Art
der Informationsverarbeitung nützlich, ja sogar notwendig.
Hinderlich wird sie dann, wenn die im Unbewussten veran-
kerten Glaubenssätze gar nicht zutreffen, uns aber den Weg
zu besseren Alternativen versperren. Zur Barriere für resi-
lientes Handeln wird sie, wenn die inneren Überzeugungen
auf Einzelerfahrungen beruhen, die nicht allgemein gültig
sind, oder wenn sie im Widerspruch zu unserem persönlichen Wertesystem stehen. Die meisten Glaubenssätze sind
nicht an sich richtig oder falsch, zur mentalen Sperre werden sie dadurch, dass sie verabsolutiert werden. Wenn Sie
den Satz »Man kann alles schaffen, was man will« verinnerlicht haben, kommen Sie gar nicht auf die Idee zu hinterfragen, ob Ihnen nicht zu viel wird, was Sie zugesagt oder sich
vorgenommen haben. Denn es würde dann ja konsequen-
terweise nur an Ihrem fehlenden Willen liegen, wenn es
nicht funktioniert. Die Verbindung mit dem Motto »Lass
dir nie anmerken, wenn du ins Schwitzen kommst!« führt
zu einer fatalen Kombination. Sie verhindert, dass Sie Möglichkeiten der Vereinfachung und Erleichterung überhaupt
erkennen, geschweige denn in Anspruch nehmen dürfen.

Häufig leistet uns ein Glaubenssatz grundsätzlich gute
Dienste, blockiert oder lähmt uns aber in einer speziellen

Situation. Der Glaubenssatz »Erst die Arbeit, dann das Vergnügen« kann Sie in der Motivation unterstützen, etwas unangenehme Dinge zügig anzugehen. Wir alle kennen die Erleichterung und das zufriedene Gefühl, wenn wir aufgeschobene Dinge endlich erledigt haben und befreit in den Feierabend oder das Wochenende gehen. Das macht die Freizeit oft noch unbeschwerter und genussvoller. Machen Sie diesen Satz hingegen zum unumstößlichen Prinzip, wird das Vergnügen gar nicht mehr stattfinden, weil nie alle Arbeit getan ist.

Es gibt auch Überzeugungen, die einmal nützlich waren, aus denen wir aber herausgewachsen sind wie aus Kinderschuhen. Der Leitsatz »Ich muss mich auf jeden Fall behaupten!« wird überflüssig, wenn ich meinen Platz im Leben gefunden habe. Vertritt die erfolgreiche Anwältin ihrem Chef gegenüber eine strittige Entscheidung mit Kleinmädchenstimme und Augenaufschlag nach der Devise »Kleinen Mädchen tut man nichts«, wirkt das lächerlich und unreif. Es zeigt aber, dass tief verwurzelte Glaubenssätze manchmal auch noch wirksam sind, wenn die Realität längst das Gegenteil bewiesen hat. Es wäre an der Zeit, sie an die aktuelle Lebenssituation anzupassen. Voraussetzung dafür ist, dass wir überhaupt merken, wenn sie nicht oder nicht mehr für uns passen.

Glaubenssätze steuern nämlich nicht nur unser Handeln, sondern auch unsere Wahrnehmung. Wir haben alle die Tendenz, das aufzunehmen, was unsere Überzeugungen stützt, und alles auszublenden, was ihnen entgegensteht. Sind Sie fest davon überzeugt, dass Ihre Kollegin Ihre Vertretung nur unzureichend wahrnimmt, werden Sie nach dem Urlaub Ihre Antennen darauf richten, was alles in der Zeit versäumt wurde und welche Pannen es gegeben hat. Wie viele Vorgänge hingegen erledigt wurden und welche Kunden sie zufriedengestellt hat, fällt unter den Tisch. Wenn Sie glauben, dass Ihre Mutter sich nicht wirklich für Sie interessiert, werden Sie alle Situationen registrieren und speichern, in denen Ihre Mutter Ihnen ins Wort fällt, um von sich zu erzählen. Die Male, in denen sie fragt oder zuhört, fallen aus dem Raster Ihrer Wahrnehmung. So entsteht ein Teufelskreis. Durch unsere eigenen Wahrnehmungsfilter bestätigen und verfestigen wir immer wieder Vorannahmen, die uns nicht guttun und uns behindern, einfach weil sie uns vertraut sind. Und je mehr sie uns vertraut sind, desto stärker beeinflussen sie wiederum unsere Wahrnehmung.

Typische Leitüberzeugungen starker Menschen:

- Alles hat seinen Preis.
- Im Leben wird einem nichts geschenkt.
- Erst die Arbeit, dann das Vergnügen.
- Ich muss alles unter Kontrolle haben.
- Ich muss mich zusammenreißen.
- Das Leben ist ein ständiger Kampf.
- Eine gute Mutter ist immer für ihre Kinder da.
- Ich darf niemanden enttäuschen.
- Wenn ich mehr leiste als alle anderen, habe ich Erfolg.
- Man muss immer sein Bestes geben.
- Wer A sagt, muss auch B sagen.
- Ich darf nicht versagen.
- Lass dir niemals eine Schwäche anmerken.
- Wer Nein sagt, macht sich unbeliebt.
- Ich bin etwas wert, wenn ich bei allen beliebt bin.
- Man kann alles schaffen, was man will.
- Es ist alles eine Frage der Organisation.
- Auf mich kann man sich immer verlassen.

- Man darf niemals aufgeben.
- Was du heute kannst besorgen, das verschiebe nicht auf morgen.
- Wer rastet, der rostet.
- Man muss auch mal die Zähne zusammenbeißen.

Wie Sie hinderliche Glaubenssätze überwinden

▶ Prüfen Sie, ob Sie den einen oder anderen dieser Sätze verinnerlicht haben. Wenn er Ihnen das Leben schwerer macht als leichter, erschüttern Sie ihn. Dafür müssen Sie Ihre Überzeugung nicht komplett verwerfen. Machen Sie sich bewusst, in welchen Situationen der Glaubenssatz Sie daran hindert, gesündere Verhaltensmuster zu entwickeln.

▶ Achten Sie bei Menschen, die Sie bewundern und bei Menschen, über die Sie sich ärgern, darauf, von welchen inneren Überzeugungen sie geleitet werden. Welche davon würden Ihnen helfen, einen Ihrer hinderlichen Glaubenssätze zu erschüttern?

▶ Drehen und wenden Sie Ihren hinderlichen Satz immer wieder, bis Sie eine Formulierung gefunden haben, die Ihnen in den fraglichen Situationen neue Verhaltensalternativen eröffnet. Führen Sie sich den neuen Satz immer wieder vor Augen, sprechen Sie ihn wiederholt aus und prägen Sie ihn sich ein, bis er auch im Unterbewusstsein verankert ist.

▶ Glaubenssätze und daraus resultierende Gewohnheiten im Denken und Handeln zu verändern ist in der Regel nicht leicht. Oft sind uns die
Verhaltensweisen, die diesen Glaubenssätzen entspringen, so in Fleisch und Blut übergegangen,
dass unser Organismus Alarm signalisiert, wenn
wir die »rote Linie« des Gewohnten überschreiten wollen. Sie bekommen Herzklopfen bei dem
Gedanken, Ihrer Mutter Nein zu sagen, Ihr Na-
cken verspannt sich bei der Vorstellung, eine Ter-
minzusage zurückzunehmen, oder Ihnen bricht
der Schweiß aus, wenn Sie ein einmal gefasstes
Ziel modifizieren oder ganz aufgeben wollen. Betrachten Sie diese körperlichen Symptome als ein
gutes Zeichen, dass Sie etwas substanziell Neues
lernen. Am Ende haben Sie Ihren Handlungs-
spielraum erweitert.

2. Eigene Ansprüche: Perfektionismus

Viele starke Menschen verursachen oder steigern ihre Belastung durch einen Hang zum Perfektionismus. Perfektionisten finden und geben keine Ruhe, bis sie Vollkommenheit und Makellosigkeit erreicht haben. Sie orientieren
sich nicht an den realen Möglichkeiten, sondern an einer
Utopie. In ihrem Bestreben, das eigentlich Unerreichbare
doch noch zu schaffen, manövrieren sie sich permanent in
ein diffuses Gefühl von Unzulänglichkeit.

Weil der 08/15-Garten nicht dem neuesten Trend entspricht, geben sie viel Geld aus für modische Gewächse.

Sie verbringen ihre knappe Freizeit damit, verbissen Beet für Beet auf Vordermann zu bringen, statt einfach Sonnen- oder Schattenplätze zur Erholung zu genießen, so wie sie nun einmal sind. Sie legen Überstunden ein, um einen bis in alle Details ausgefeilten Bericht präsentieren zu können, obwohl nur eine Skizze verlangt ist. Ob im Beruf, im privaten Umfeld oder im ganz persönlichen Bereich, manche lässt die Sehnsucht nach Anerkennung die eigenen Kräfte bis zum Äußersten ausreizen. Das Selbstwertgefühl vieler Perfektionisten hängt ganz davon ab, gängigen Normen in höchstem Maße zu entsprechen. Manche bringt die Angst vor Kritik oder Unterlegenheit dazu, andere immer übertreffen zu müssen, um ein positives Lebensgefühl zu haben. Eltern setzen alles daran, aus ihren durchschnittlich begabten und durchschnittlich hübschen Kindern Super-schüler und Supermodels zu machen. Statt sich an ihnen und mit ihnen zu freuen, betrachten sie es als persönliches Versagen, wenn ihre Kinder nicht der höchsten Norm entsprechen, angefangen von der Schullaufbahn bis hin zu sportlichen Leistungen und gesellschaftlichen Erfolgen.

Dass Menschen auf diese Weise mit übersteigertem Ehrgeiz versuchen eigene Minderwertigkeitsgefühle aus-zugleichen, ist ein Phänomen, das sich in unserer Gesell-schaft keineswegs nur als Ausnahmefall beobachten lässt. Der Burn-out-Spezialist Heinz Golling betrachtet »die tief verwurzelte Aversion gegenüber allem Durchschnitt-lichen, das pathologische Streben nach Höchstleistung« als »Irrsinn der deutschen Gesellschaft«.[37] Er nennt diese Power-Perfektionisten »getriebene Kurzatmer«, denen so-wohl der Genuss als auch das Menschliche mit all seinen Schwächen und Brüchen fremd sei. Doch nicht nur, dass das ganze Leben perfekt gemeistert werden soll, in einigen gesellschaftlichen Kreisen kommt noch der Anspruch hinzu, dass das alles locker und unaufgeregt wirkt, dass wir uns in jeder Lebenslage als legere Profis erweisen, ob es um die Programmierung des Telefons geht, um präsentable Leistungen in der Öffentlichkeit oder um die Organisation und Ausrichtung eines Jubiläums oder Familienfestes.

Doch irgendwann wehrt sich die Seele gegen diese Selbstausbeutung – meist indem sie über den Körper Signale sendet. Der Körper eines Perfektionisten erlebt im Alltag zu viele Situationen im Alarmzustand.[38] Im verkrampften Kampf um das Unerreichbare verliert alles Erreichte seinen Reiz. Perfektionisten leiden signifikant stärker und häufiger unter Beschwerden wie Migräne, Herzleiden, Hörsturz, Schlafstörungen, Reizdarm, chronische Erschöpfungszustände, Depressionen oder Angst- und Zwangsstörungen. Und da sie es gewohnt sind, Ehrgeiz zu entwickeln, wenn Personen oder Dinge nicht funktionieren, wie sie sollen, bekämpfen sie diese Warnzeichen eine ganze Zeitlang mit genau derselben Strategie, die sie ausgelöst hat. Das Verhältnis zwischen Anstrengung und Effekt wird immer unausgeglichener. Dabei ist erwiesen, dass wir ohnehin nie absolute Perfektion erreichen können. Und: Wer perfekt sein will, ist nicht mehr gut.

Der italienische Volkswirt Wilfredo Pareto hat schon Anfang des letzten Jahrhunderts beschrieben, was passiert, wenn Aufwand und Ertrag in keinem sinnvollen Verhältnis mehr stehen. Seine Faustregel lautet: Mit 20 Prozent Aufwand erzielen wir 80 Prozent an Wirkung. Um diese Wirkung zu steigern und gegen 100 Prozent tendieren zu lassen, müssen wir bis zu 80 Prozent mehr Aufwand betreiben. Trotzdem werden wir nie sichere 100 Prozent erreichen. Es bleibt immer ein Rest an Unwägbarkeiten, die niemand ausschließen kann. Wenn wir nicht aufhören, den

Aufwand immer weiter zu steigern, wird das Ergebnis sogar wieder schlechter. An vielen Alltagsbeispielen lässt sich dieser Wirkungszusammenhang veranschaulichen und nachvollziehen.

Frank, Pädagoge in einem Bildungshaus, schreibt einen verständlichen zielgruppenorientierten Ankündigungstext für eine neue Veranstaltung normalerweise in einer knappen halben Stunde. Dieses Mal beschäftigt er sich schon über zwei Stunden damit, weil er seine neue Ressortleiterin mit besonders geistreichen Formulierungen und flottem Stil beeindrucken will. Doch je länger Frank über dem Text brütet, desto kritischer wird er, bis er schließlich völlig entnervt alles wieder verwirft. Er hat den Moment verpasst, wo er damit zufrieden wäre, zwei oder drei Textpassagen mit einem vertretbaren Aufwand etwas aufzupeppen. Inzwischen hat er schon so viel Zeit und Mühe investiert, dass nur noch eine außergewöhnliche Glanzleistung diesen Aufwand rechtfertigen könnte. Die übliche Version kommt schon gar nicht mehr infrage. Ob seine Vorgesetzte beeindruckt ist, wenn der erfahrene Mitarbeiter am Ende des Tages nicht einmal drei, geschweige denn die erwarteten fünfzehn Kursbeschreibungen vorlegen kann?

Pia kann es neben ihrer Teilzeitbeschäftigung ganz gut schaffen, für ihre Familie täglich ein einigermaßen schmackhaftes und gesundes Mittagessen auf den Tisch zu bringen. Doch sie hat den Anspruch, dass jede Mahlzeit diversen Erkenntnissen über gesunde Ernährung entspricht. Darüber hinaus hat Pia den unbedingten Ehrgeiz, dass es jedem Familienmitglied jeden Tag hervorragend schmeckt. Mit diesem überzogenen Anspruch erreicht sie aber de facto weniger. Sie kann nämlich nicht verhindern, dass einer mal nicht begeistert ist oder sogar meckert. Angesichts ihrer Anstrengungen empfindet Pia das aber als besonders undankbar und ungerecht und reagiert überempfindlich. Der Aufwand, den sie treibt, kostet sie den Rest Ihrer Nerven. Daher kann sie nicht einmal mehr mit leichter Unzufriedenheit hier und da gelassen umgehen.

Es geht hier nicht darum, Nachlässigkeit und Oberflächlichkeit das Wort zu reden. Wenn ich mich operieren lassen muss, begrüße ich es sehr, wenn der Chirurg im OP ein absoluter Perfektionist ist. Es würde mich aber nicht stören, wenn auf seinem Schreibtisch das Chaos herrscht oder er zwei verschiedene Socken trägt. Perfektionismus kann wunderbar sein, wenn er je nach Situation und Kontext relativiert werden kann und darf. Der Teufelskreis des überzogenen Perfektionismus hingegen verbietet Frank und Pia die entlastende Umsetzung des Pareto-Prinzips: Die Dinge nicht so gut wie möglich zu tun, sondern so gut wie nötig.

Wie Sie übertriebenen Perfektionismus relativieren

▶ Wenn Sie zum Perfektionismus neigen, schauen Sie sich vor allem die wiederkehrenden Situationen Ihres Alltags an, in denen Sie unter Druck stehen. Finden Sie heraus, wo und wie Sie selbst diesen Druck erzeugen oder erhöhen. In Gesprächen mit anderen erfahren Sie meist mehr, als wenn sie allein darüber brüten.

▶ Perfektionisten tun oft zu viel des Guten und verrennen sich in ihrer Auffassung, was unumgänglich nötig ist. Machen Sie sich bewusst, wo es Diskrepanzen zwischen Ihren eigenen Ansprüchen und denen anderer Beteiligter gibt. Bitten Sie um ein ehrliches Feedback, wie Sie wahrgenommen werden, und bewegen Sie es im Kopf und im Herzen. Widerstehen Sie der Gewohnheit, die Wahrnehmung Ihres Gegenübers zu diskutieren oder abzustreiten.

▶ Spielen Sie realistisch durch, in welchen Fällen Sie es sich leichter machen können. Was würde passieren, wenn Sie diesen oder jenen Anspruch herunterschrauben? Würde die Welt untergehen? Würden Sie sich oder anderen Schaden zufügen? Verändern Sie Woche für Woche nur eine Kleinigkeit. Lassen Sie sich überraschen, was Sie alles lassen können, ohne dass es eine große Beeinträchtigung ist.

▶ Gönnen Sie sich einen vorsätzlich unvollkommenen Tag. Sie werden sehen: Es entspannt Sie und Sie werden gelassener.

3. Beschädigtes Selbstbild: Schuldgefühle oder Scham

Ein weiteres Hindernis für Resilienz liegt auch für starke Menschen darin, dass Gefühle wie Schuld oder Scham ein positives Selbstbild untergraben. Sie lassen uns glauben, dass wir schlecht sind, weil wir bestimmten Ansprüchen nicht genügen. Im Gegensatz zur Scham lassen sich Schuldgefühle in der Regel rational erklären und mit Worten ausdrücken. Wer sich schuldig fühlt, weiß in aller Regel wofür. Er hat jemand anderes verletzt oder ihm geschadet.

Es geht um konkrete eigene Handlungen oder Versäumnisse. Das archaische Gefühl der Scham tritt hingegen auf, wenn wichtige geltende Normen verletzt werden. Manchmal wird eine destruktive Scham-Schuld-Spirale in Gang gesetzt, wenn versucht wird durch eine Schulddiskussion aufkommende Schamgefühle zu kompensieren.[39]

Da Perfektionisten ein besonders weitreichendes System von Normen und Prinzipien verinnerlicht haben, erleben sie Gefühle wie Scham oder Schuld häufiger und intensiver als andere. Die meisten Menschen können in der Regel gar nicht in Worte fassen, wofür genau sie sich schämen, und haben Hemmungen, darüber zu sprechen. Die gegenteilige Empfindung zu Scham ist Stolz, beide Gefühle regulieren das Selbstwertgefühl. Stolz wird ausgelöst, wenn wir etwas bewältigt oder erreicht haben, das den eigenen Idealen entspricht. Scham geht mit dem Gefühl einher, die Selbstkontrolle verloren zu haben und allgemeinen gesellschaftlichen Normen nicht entsprechen zu können. Damit sinkt auch die Selbstachtung. Viele dicke Menschen in unserer Gesellschaft quälen sich ihr Leben lang mit nutzlosen Diätplänen und Schuldgefühlen, weil sie es nicht schaffen abzunehmen. Singles werden das Gefühl nicht los, dass mit ihnen etwas nicht stimmt, weil sie scheinbar als Einzige in einem Umfeld von Familien und Paaren keinen Partner vorzuweisen haben. Menschen, die mit einem süchtigen Familienmitglied leben, fühlen sich selbst deswegen schlecht und setzen alles daran, dies nach außen zu verbergen.

Typische Erlebnisse, die bei starken Menschen Scham- und Schuldgefühle auslösen:

- Sie fühlen sich einer Aufgabe oder Verpflichtung nicht oder nicht länger gewachsen.

- Sie sehen sich nicht in der Lage, die Erwartungen eines geliebten Menschen zu erfüllen, der auf Sie gesetzt hat.
- Sie erleben sich in einer entscheidenden Situation als handlungsunfähig.
- Sie können mit anderen nicht mithalten, sei es in Sachen körperliche Fitness, intellektuelle Fähigkeiten oder gesellschaftlicher Status.
- Sie erleben sich als feige.
- Ein Geheimnis von Ihnen kommt ans Licht oder wird verraten.
- Sie haben jemanden im Stich gelassen.
- Sie werden zu Unrecht kritisiert.
- Sie können jemandem, dem es schlecht geht, beim besten Willen nicht helfen.

Schamgefühle, Depressionen und Passivität können auch die Folgen sein, wenn Scheitern nicht als ebenso selbstverständlich wie Erfolg einkalkuliert und akzeptiert wird. Wer um keinen Preis scheitern darf, der ist im Ernstfall nicht in der Lage, sich die entscheidende aktivierende Frage zu stellen: »Was kann ich aus dieser Situation lernen?«

Ob sie Zurückweisung ertragen müssen, ob sie sich Scheitern eingestehen müssen, ob sie sich unzulänglich oder minderwertig fühlen: Wenn sie sich schämen, reagieren viele Menschen übermäßig angepasst oder ziehen sich in die Unauffälligkeit zurück. Andere versuchen diesem Gefühl zu entgehen, indem sie sich penetrant rechtfertigen, Angriffe auf das Wertesystem der anderen starten oder sich arrogant darüber hinwegsetzen.

Es geht nicht darum, Schuldgefühle und Scham um jeden Preis zu vermeiden. Scham zu empfinden zeigt ja auch, dass man nicht abgestumpft ist, sich in Beziehung setzen und Abweichungen wahrnehmen kann. Entscheidend ist, wie wir mit diesem Gefühl umgehen. Resiliente Menschen zeigen weder defensive noch aggressive Überreaktionen. Sie nehmen die Realitäten wahr, korrigieren ihre Handlungsweisen für die Zukunft, streben Wiedergutmachung an, wenn sie jemandem Unrecht getan haben. Doch sie werten sich deswegen nicht selbst ab. Gerade für starke Menschen ist es eine große Herausforderung, Scham ertragen zu lernen, ohne davon ihr positives Selbstbild im Kern erschüttern zu lassen. Ein positives Selbstbild zu haben bedeutet eben nicht, sich naiv oder selbstgerecht als supertoll und untadelig zu betrachten. Es bedeutet, sich gerade angesichts der eigenen Unzulänglichkeiten, der Brüche und Fehlversuche als Mensch zu bejahen.

Wie Sie sich von unangebrachten Scham- und Schuldgefühlen entlasten

▷ Achten Sie darauf, welche Vorkommnisse und Lebenssituationen bei Ihnen Scham- oder Schuldgefühle auslösen. Betrachten Sie diese Zusammenhänge eine Weile, ohne sie zu bewerten. Überlegen Sie dann, welche kulturellen, gesellschaftlichen oder religiösen Normen dabei im Spiel sind. Bejahen Sie diese uneingeschränkt oder ist es für Sie an der Zeit, sie für sich neu zu definieren?

▷ Wenn Sie feststellen, dass diese Normen auch Ihrem persönlichen Wertesystem entsprechen: Gehen Sie mit sich um wie mit einem guten Freund, der diese Normen nicht immer erfüllt.

▶ Wenn Sie feststellen, dass Sie sich diesen Normen beugen, ohne sie zu teilen: Entscheiden Sie sich, welche Werte Ihnen mehr entsprechen. Überlegen Sie, wie Sie diese Werte in Ihrem konkreten Alltagshandeln vertreten und ihnen Geltung verschaffen können. Setzen Sie es Schritt für Schritt um.

▶ Überprüfen Sie, wo Sie Schuldgefühle haben, weil Menschen durch Sie in irgendeiner Weise zu Schaden gekommen sind. Kommen Sie mit sich ins Reine, indem Sie eine ehrliche Entschuldigung und Wiedergutmachung anbieten. Wenn es bei den Betreffenden nicht oder nicht mehr möglich ist, dann ist vielleicht eine sinnvolle Ersatzleistung an anderer Stelle machbar.

4. Einseitige Tugenden: Übertriebene Beharrlichkeit und Ausdauer

In vielen Situationen lohnen sich Beharrlichkeit und Durchhaltevermögen und tragen reiche Frucht. Sie kennen sicher das Phänomen, dass Sie etwas schon hundertmal gehört oder gelesen haben – und plötzlich kommen diese Worte anders bei Ihnen an und lösen etwas Positives aus. Oder die Hartnäckigkeit, mit der Sie immer wieder an einer kniffligen Aufgabe oder Angelegenheit herumdoktern zahlt sich aus, und auf einmal – wie aus heiterem Himmel – ist die Lösung in Sicht oder das Ergebnis übertrifft Ihre Erwartungen. Doch so wichtig Ausdauer und Hartnäckigkeit sein können, diese vermeintlich resilienten

Verhaltensmuster können für starke Menschen auch gefährlich werden, beispielsweise wenn sie Resilienz als unbedingtes Durchhalten um jeden Preis missverstehen. Unbedingtes Dranbleiben an einer Aufgabe oder an einem Ziel sehen sie als unumgängliche Voraussetzung für Erfolg. Das kann dazu führen, dass sie sich durch permanente Überforderung selbst gefährden, bis sie psychisch zusammenbrechen oder Süchte oder Verhaltensweisen jenseits von Moral und Legalität entwickeln.

Eine Untersuchung über Forschungs- und Entwicklungsprojekte in der deutschen Pharmaindustrie hat ergeben, dass 50 Prozent der als erfolglos eingestuften und irgendwann abgebrochenen Projekte nach Auskunft der Befragten zu spät abgebrochen wurden. Was hat die Verantwortlichen gehindert, das offensichtlich Vernünftige schnell und konsequent zu tun? Was hemmt uns, ein Ziel wieder aufzugeben, das mit Verlusten verbunden ist, unter dem wir leiden oder das seinen Sinn verloren hat? Wir können es nicht verabschieden, weil wir dann zugeben müssten, dass wir uns geirrt haben, dass wir einen Fehler gemacht haben. Diese Kränkung wollen wir uns ersparen und rechtfertigen uns lieber selbst, als einzugestehen, dass wir eine Fehlentscheidung getroffen haben. Als Barriere für zügiges Beenden wirkt aber nicht nur die Überbewertung der Ausdauer und die Angst vor Gesichtsverlust. Es ist auch das Gefühl, schon zu viel in das angestrebte Ziel investiert zu haben und diese Investition verloren geben zu müssen.

Die psychologische Forschung hat sich lange Zeit einseitig damit befasst, warum Personen ein Ziel zu früh aufgeben, obwohl sie es erreichen könnten. Jetzt sind USA-Wissenschaftler bei der Erforschung der Gründe, warum jemand ein Ziel nicht aufgeben kann, obwohl es mit Ver-

lusten verbunden ist und er darunter leidet, auf ein Phänomen gestoßen, das sie »Effekt der versunkenen Kosten«
(»sunk cost fallacy«) nennen.[40] Wie schon im Kapitel »Sieben Missverständnisse« im Abschnitt »Zukunft gestalten«
gesagt, hindert uns die Tatsache, dass uns eine Vorgehens-
weise in der Vergangenheit schon einiges gekostet hat,
daran, eine davon unbelastete gute Entscheidung für die
Zukunft zu treffen. Lieber rechtfertigen wir wider besseres Wissen die Entscheidungen im Nachhinein. Wir lassen
die teuren, aber unbequemen Schuhe im Schrank stehen,
beteuern aber, dass wir sie zu ganz besonderen Gelegenheiten tragen wollen. Wir machen uns selbst und anderen
vor, dass die neue Stelle genau das ist, was wir wollten,
statt einzugestehen, dass wir uns das alles ganz anders vor-
gestellt haben. Wir bestehen darauf, uns nach ausführ-
licher Recherche für einen sensationell günstigen Tarif
entschieden zu haben, auch wenn die Stromrechnung uns
ins Grübeln bringt. Denn sobald wir eine Entscheidung
getroffen haben, sind wir nicht mehr objektiv.

Doch möglicherweise gibt es noch tiefere Ursachen,
wenn uns die Entschlossenheit und die Stärke fehlen, uns
von einem Plan, einem Ziel oder einem Menschen endgültig
zu verabschieden: die Angst vor dem Neuen. Um Gefühle
von Verunsicherung Versagensängsten und Trennungs-
schmerz zu vermeiden, machen wir lieber weiter. Wir hoffen, dass es sich vielleicht »irgendwie« anders ergibt oder
dass andere oder das Schicksal es richten. Wir hoffen, dass
die unzufriedene Chefin oder der untreue Ehemann ihrer-
seits eine Entscheidung fällen. Simone hält an einer Arbeits-
stelle fest, die ihr jeden Morgen Herzklopfen und Magen-
druck beschert. »Ich bin seit über 15 Jahren in der Firma.
Ich wäre doch blöd, wenn ich kündigen würde«, sagt sie.
Nicole beendet die Freundschaft mit Lena nicht, obwohl

diese sich nur meldet, wenn sie etwas von Nicole braucht, und sie sich bei ihren sporadischen Treffen nichts mehr zu sagen haben. Max trifft sich weiterhin jeden zweiten Freitag mit seiner alten Männerclique, auch wenn er überhaupt kein Interesse mehr daran hat, um die Häuser zu ziehen, und das geistlose Sprücheklopfen ihm nur noch auf die Nerven geht. Es ist eben sehr schwer, sich ehrlich und kritisch dem zu stellen, was ist, und sich einzulassen auf das, was ansteht, also noch nicht ist. »Wir wollen vergessen, das wir immer wieder Abschied nehmen müssen auf die Zukunft hin. Wir wollen vergessen, dass das Leben ein großer Prozess der Veränderung ist, in den wir eingebunden sind und dessen Regeln wir nicht ganz durchschauen«, erklärt Verena Kast dieses Dranbleiben wider besseres Wissen.[41]

Die Angst, sie könnten es irgendwann bitter bereuen, wenn sie sich von einem Ziel lösen oder ein Vorhaben aufgeben, lässt auch starke Menschen manchmal passiv bleiben. Sie glauben, wenn sie nichts oder nichts anderes als bisher tun, können sie auch nichts falsch machen. Meist ist diese Angst vor späterer Reue aber unbegründet.[42] Studien zeigen, dass Menschen in der Rückschau gar nicht ihre Dummheiten und Fehler bereuen, sondern das, was sie *nicht* getan haben. Verpasste Chancen belasten unsere Psyche viel mehr als die Folgen falscher Entscheidungen.

Petra hadert noch immer damit, dass sie sich vor acht Jahren nicht für ihre Leidenschaft, die Musik, entschieden hat. In der neuen Führungsfunktion als Stationsleitung ist sie von Anfang an frustriert und unzufrieden. Sie vermisst die Nähe zu Patienten und die Gemeinschaft mit den Kollegen. Die Mitgliedschaft in ihrem Streichensemble gibt sie wegen der hohen Arbeitsbelastung schweren Herzens auf. Weder schafft sie die Probentermine, noch kommt sie zum Üben. Doch die Chance, noch in der Probezeit auf eine reduzierte Stelle als Pflegekraft zu wechseln und damit weiter Musik machen zu können, lässt sie ungenutzt, weil sie sich nicht geschlagen geben will.

Starke Menschen tun sich häufig schwer zurückzurudern, wenn sie sich geirrt haben. Es kommt für sie nicht infrage, vor Schwierigkeiten zu kapitulieren. Auf keinen Fall wollen sie aufgeben, was sie sich einmal vorgenommen haben. Wer aber bei nicht mehr lohnenden Zielen einfach nur Durchhaltevermögen zeigt, bringt sich um die Chance, seinem Leben eine bessere Wende zu geben. Er lässt unbeachtet, was sich ergeben könnte außerhalb seines gewohnten Erwartungshorizontes. Für starke Menschen heißt das, aufzuhören mit Aktivitäten, die sie überfordern oder ihren Sinn verloren haben, und sich rechtzeitig zu Alternativen zu entschließen.

Wie Sie sich befreien vom Durchhalten um jeden Preis

▶ Es zeugt auch von Stärke, Pläne aufzugeben, die Sie zu viel kosten, und Beziehungen zu lösen, die schal geworden sind. Ohne dieses Sortieren und Aufräumen haben Sie keinen Platz für Neues und wundern sich vielleicht, warum es nicht eintritt.

▶ Machen Sie Inventur hinsichtlich der Ziele, die Sie (noch) verfolgen, obwohl es Sie nicht oder nicht mehr wirklich zufriedenstellt und erfüllt, wenn Sie sie erreichen. Ersetzen Sie diese durch Alternativen, die Sie wirklich attraktiv finden.

▶ Durchforsten Sie Ihren Alltag gründlich auf Kräfte zehrende Rituale und Gewohnheiten. Was einmal oder auch mehrmals eine angemessene und gute Lösung war, kann sich überlebt haben, denn Umstände wandeln sich, Menschen ändern ihre Einstellungen und Bewertungen. Nur weil es einmal eine hervorragende Lösung war, dass Sie mit der Familie Ihrer Schwester und Ihrer Mutter gemeinsam Urlaub gemacht haben, müssen Sie daraus nicht eine selbstverständliche Tradition für alle Zeiten machen.

▶ Mit dem Festhalten an Vorsätzen, zu denen Sie keine Lust haben oder deren Gewinn für Sie zweifelhaft ist, verschwenden Sie Ihre Energie. Trennen Sie sich von unnötigem Ballast in Form von überflüssig oder sinnlos gewordenen Vorhaben. Sie haben jederzeit die Wahl, etwas zu beenden.

5. Äußere Einflüsse: Zeitmangel und Stress

Starke Menschen sind häufig an mehreren Stellen gleichzeitig gefordert und belastet. Einen bewussten und verantwortlichen Umgang mit den eigenen Kräften stellen sie unter diesen Umständen immer wieder zurück. In einer bekannten Geschichte[43] rät ein Spaziergänger einem Holzarbeiter, der sich im Schweiße seines Angesichts mit dicken Baumstämmen plagt, er solle doch erst einmal seine stumpfe Säge schärfen, damit ihm die Arbeit leichter von der Hand gehe. »Dazu habe ich keine Zeit«, erwidert der Holzarbeiter. »Sie sehen doch, ich muss sägen!« So geht es auch vielen belasteten Menschen. Sie glauben keinen Freiraum zu haben oder sich nehmen zu können, um sich Möglichkeiten zu erschließen, wie sie Stress vorbeugen oder abfedern oder Aufgaben vereinfachen könnten. Sie sind manchmal so erschöpft, dass sie die Energie nicht mehr aufbringen, darüber nachzudenken, was in ihrem Leben falsch läuft und was sie gerne anders hätten. Es bleibt ein vages Gefühl, dass es so im Kern nicht gut ist, doch zu Klärungsprozessen können sie sich nicht mehr aufraffen. Doch nicht nur, dass sie keine Zeit finden, Ihren eigenen Interessen nachzugehen. Sie glauben auch keine Zeit zu haben sich zu erholen. So verschieben sie entspannende Aktivitäten, die für Abstand und Ausgleich sorgen könnten, immer wieder auf unbestimmte Zeit.

Gleichzeitig schleppen sie viel Überflüssiges mit sich herum oder horten es. Es lastet auf dem Gemüt, es raubt ihnen Lebensenergie, es verursacht oder erhöht ihren Stress. Damit ist nicht nur materieller Kram gemeint, viele merken oft schon gar nicht mehr, wie viel mentalen Krempel in Form von Ärger, Sorgen und Groll sie anhäufen und festhalten. Auch wenn es manchmal einfacher scheint, an seinem Groll und seiner Beurteilung festzuhalten, es befreit und schafft Raum, wenn wir uns erst einmal davon gelöst haben und anderen verzeihen. Petra schleppt ständig einen schweren Rucksack mit angeblich notwendigen Utensilien mit sich. Sie hat alles für alle Fälle dabei, und man kann nur staunen, was sie alles daraus zutage befördert. Bei dem Rucksack wird jedem sofort klar, wie viel beschwerlicher das Laufen von morgens bis abends für Petra sein muss. Bei denen, die sich mit mentalen Lasten durchs Leben bewegen, ist das nicht so auf den ersten Blick ersichtlich. Doch auch sie gehen beschwert durchs Leben – und das hat weit reichende Auswirkungen auf Ihren Stresspegel.

Vielleicht erkennen Sie unter den Beispielen das eine oder andere, dem Sie Ihre wertvolle Zeit opfern und das Sie Energie kostet:

- unerfreuliche oder nichtssagende Beziehungen, die Sie dennoch aufrechterhalten;
- »schlechte« Gewohnheiten, mit denen Sie sich langfristig das Leben schwer machen oder die Ihnen im Weg stehen;
- Aktivitäten oder alte Verpflichtungen, die Sie nur noch lustlos hinter sich bringen;
- ein alter Streit, der sich immer wieder entzündet (man kann sich auch darauf verständigen, dass man sich in diesem Punkte eben nicht einigen kann);
- eine Vereinsmitgliedschaft oder ein Ehrenamt, an dem Sie kein Interesse (mehr) haben;
- der Job, dem Sie nichts mehr abgewinnen können;
- Abonnements von Zeitungen oder Zeitschriften, die Sie nicht mehr mit Neugier oder Freude lesen.

Es ist erstaunlich, was wir alles beibehalten und festhalten, das uns weder Freude macht noch zu einem positiven Ergebnis führt. Wenn Sie sich davon verabschieden, werden Sie erstaunt feststellen, wie viel Zeit und Energie freigesetzt werden, die Sie für erfreuliche, interessante und erholsame Aktivitäten nutzen können – und die Sie auch dafür brauchen.

Als Erklärung und Entschuldigung für die Selbstausbeutung dient neben dem generell beklagten Zeitmangel Dauerstress im Beruf wie auch zu Hause. Beides wird als gegeben und unveränderbar betrachtet und hingenommen. Diese Sichtweise ist allerdings schon ein Beispiel für die von Stress erzeugte Verengung des Blickwinkels.

Selbst wenn das so wäre, lässt sich diesen äußeren Einflüssen eine Menge entgegensetzen. Und jeder kann einiges dazu tun, sich nicht ganz und gar davon bestimmen zu lassen. Doch wenn Starke sich weit genug ausgebeutet haben, sind sie nicht mehr in der Lage, eine entsprechende Rückmeldung oder einen Rat anzunehmen! Sie verstehen gar nicht mehr, was mit ihnen passiert. Das aber wollen sie sich auf keinen Fall anmerken lassen.

Vier von fünf Deutschen klagen über zu viel Stress.[44] Wer sich häufig und länger von Stressauslösern überrollen lässt, ohne gegenzusteuern, ist nicht nur für diesen Zeitraum schlechter gelaunt und stärker belastet. Er versperrt sich auch den Spielraum für bessere Lösungen in der Zukunft. Angst, Stress und Druck verengen nämlich die Sinne und das Denken. Wir bekommen einen Tunnelblick. Dieser Zustand lähmt uns, uns fällt partout nichts anderes ein, als einfach weiterzumachen. So behalten wir ein Verhalten bei, das seinen ursprünglichen Sinn verloren hat. Unter Stress folgen wir eingefahrenen Verhaltensmustern. Wir essen immer weiter, obwohl wir nicht hungrig sind. Wir arbeiten wie unter Zwang unsere To-do-Liste ab, auch wenn wir unendlich müde und erschöpft sind. Wir surfen weiter im Internet und zappen uns durchs Fernsehprogramm, obwohl wir gar nichts aufnehmen können und uns daher auch nichts wirklich interessiert.

Nicht Gestresste hingegen sind in der Lage, sich an veränderte Situationen anzupassen, und handeln dann so, wie es für sie zweckmäßig ist. Sie essen nicht, wenn sie weder hungrig sind noch Appetit haben. Sie passen ihre Prioritäten an ihre momentane Leistungsfähigkeit an. Sie wenden sich erholsamen oder interessanten Tätigkeiten zu, wenn sie merken, dass sie zu einer Sache keine Lust haben und sie ihnen weder Freude noch Erholung bringt.[45]

Es ist nachgewiesen, dass chronisch gestresste Menschen ihre Umwelt schon anders wahrnehmen. Damit beginnt ein Teufelskreis: Der Sollwert für »Alarm« ist herabgesetzt, das Gehirn ist aufmerksamer und wachsamer für Außenreize. Sie reagieren zwanghaft oder aufgeregt, bei alltäglichen Situationen verhält sich der Körper, als wären es Notfälle. Sicher kennen auch Sie solche Situationen. Wenn Sie längere Zeit unter Stress stehen, sind Sie wesentlich dünnhäutiger und lärmempfindlicher als sonst. Ob Kindergeschrei, das Klingeln des Telefons oder der Rasenmäher des Nachbarn – Ihr Körper schlägt Alarm. Wenn dann Ihr Blutdruck steigt, Sie Schweißausbrüche oder Kopfschmerzen bekommen, sind Sie immer weniger in der Lage, gelassen und souverän zu reagieren. Sie merken, wie Sie überreagieren, indem Sie sich aufregen, den Anrufer unhöflich abfertigen oder die Kinder maßregeln, können aber nicht mehr wirksam gegensteuern. Diese Unfähigkeit und die Unzufriedenheit mit sich selbst verstärkt Ihren Druck, Sie werden noch hektischer und gereizter. Jetzt fehlt nur noch der Tropfen, der das Fass zum Überlaufen bringt. So lange Sie in diesem Kreislauf gefangen bleiben, verschärfen Sie von innen heraus die Probleme, die durch äußere Bedingungen entstanden sind.

Erst wenn es Ihnen gelingt, diesen Teufelskreis an irgendeiner Stelle zu unterbrechen, öffnen sich die Türen für andere Lösungsmöglichkeiten. Sie können auf Ihre Selbstberuhigungstechniken zurückgreifen oder sich von den Lärmreizen abschotten. Sie können milder mit sich selber sein oder sich erst mal körperlich etwas Gutes tun. Egal, an welcher Stelle Sie anfangen – es wirkt sich auf alle anderen Elemente aus. Ein wirksames und für alle verfügbares Mittel, um diesen notwendigen Abstand immer wieder herzustellen, ist Humor. Humor und Lachen machen unsere Sinne und unser Denken weiter. Der Raum für Optionen vergrößert sich. Plötzlich ist viel mehr möglich, und zwar nur, weil wir selbst lockerer, entspannter und gelassener geworden sind. In dieser Verfassung verfügen wir in der Regel über Mittel und Wege, unsere jeweils typischen Fallen zu erkennen und ihnen zu entgehen. Doch je mehr der Druck steigt, desto unbewusster und automatischer laufen unsere Reaktionen ab.

Ein Kriterium für ein gutes Resilienzprofil ist daher die Stressresistenz, das heißt, in welchem Maß Menschen in der Lage sind, auch unter großem Druck ihre Eigenkräfte bewusst zu steuern und gezielt einzusetzen. Die Fähigkeit, immer wieder eine gute Balance zu finden zwischen Selbstmotivierung und Selbstberuhigung, wirkt sich nicht nur auf die augenblickliche Verfassung positiv aus. Sie hat auch einen entscheidenden Einfluss darauf, wie es uns gelingt, entsprechende Denk- und Verhaltensweisen so zur Gewohnheit werden zu lassen, dass wir sie auch unter Druck und Stress aktivieren können.

Erste Hilfe gegen Zeitmangel und Stress

▶ Nehmen Sie das Feedback wohlmeinender Menschen ernst, wenn diese Ihnen signalisieren, dass Sie übertreiben, sich verrennen, zwanghaft werden. Dann ist es höchste Zeit, die Geschäftigkeit zu unterbrechen und »Ihre Säge zu schärfen«.

▶ Prüfen Sie bei allem, was Sie tun, ob Sie es gern tun und ob es zum Verwirklichen Ihrer persönlichen Ziele und Werte beiträgt. Vielleicht werden Sie erstaunt sein, mit wie viel Dingen Sie beschäftigt sind, auf die keines von beiden zutrifft. Konzentrieren Sie sich auf die Tätigkeiten, die beide Kriterien erfüllen – Sie werden einen höchst angenehmen Energieschub erleben und sich wesentlich weniger gestresst fühlen.

▶ Wenn Sie den Eindruck haben, unter permanentem Zeitmangel zu stehen, ziehen Sie nüchtern Bilanz, womit Sie Ihre Tage verbringen. Welche unwichtigen, unnützen oder sogar schädlichen Tätigkeiten schleppen Sie als Zeit- und Energieräuber mit sich, weil Sie sich noch nicht eindeutig dagegen entschieden haben? Prioritäten setzen heißt nicht nur alle Aufgaben und Tätigkeiten in eine Rangfolge zu bringen. Es heißt auch, selbstverantwortlich niedrige Prioritäten komplett zu streichen, um sich den hohen ohne (Zeit-)Not widmen zu können.

▶ Befreien Sie sich von überflüssigen Lasten in Form von materiellem Krempel, der Energie bindet, und auch in Form von mentalem Krempel wie Ärger und Unversöhnlichkeit. Verschenken Sie überflüssige Dinge oder vereinfachen Sie deren »Pflege«.

4. Resilienz als Gleichgewicht der Kräfte

Es kommt auf mich an
und hängt letztlich nicht von mir ab.
Pierre Stutz

4.1 Selbstwahrnehmung und Selbstrespekt

Das Geheimnis der Resilienz liegt im Zusammenspiel innerer und äußerer Kräfte und der Aktivierung der entsprechenden Schutzfaktoren. Sich selbst wohlwollend und zugleich realistisch wahrzunehmen ist eine Fähigkeit, die immer wieder geübt sein will – ein Leben lang. Sie schafft die Voraussetzung, dass Sie herausfinden, welche Schritte in Ihren Situationen und für Sie persönlich einen entscheidenden Unterschied bewirken können. Sich selbst wahrzunehmen heißt zu spüren, welche Gefühle sich bei Ihnen regen. Es heißt zu registrieren, was Sie froh stimmt und erfüllt, und was Sie nervt, belastet oder wütend macht. Sich selbst wahrzunehmen heißt auch zu beobachten, welche automatisch ablaufenden Denkmuster solche Gefühle auslösen. Es heißt zu reflektieren und zu registrieren, welche Ihrer Gedanken Sie aufbauen und welche Sie entmutigen, niederschmettern oder unter Druck setzen. Sich selbst wahrzunehmen bedeutet nicht zuletzt, mitzubekommen,

155

welche körperlichen Empfindungen Ihnen signalisieren, ob Ihre Verhaltensmuster und Ihr Lebensstil für Sie auf Dauer zuträglich und gesund sind.

Mag sein, dass sich Ihnen die Nackenhaare beim Anblick bestimmter Kunden sträuben. Vielleicht melden sich Verspannungen und Schmerzen beim bloßen Gedanken an die nächste Projektbesprechung. Möglicherweise wird Ihre Atmung flach und gepresst, sobald Sie die Stimme Ihrer Mutter hören oder sogar schon, wenn Sie ihre Nummer auf dem Display sehen. All dies können Hinweise darauf sein, dass Sie sich gerade mit etwas beschäftigen, das Sie nicht wollen oder das Sie belastet. Es können auch Signale dafür sein, dass Sie ein Ausmaß an Aktivitäten an den Tag legen, das Sie überfordert. Ihr Körper kennt die Wahrheit und weist Sie in der Regel früher und verlässlicher darauf hin als Ihr Verstand. Unser unbewusster Verstand äußert sich nicht in wohlformulierten Worten. Seine Möglichkeiten uns etwas mitzuteilen sind mehrdeutige Bilder und Symbole, wie sie uns in Tag- und Nachtträumen begegnen, sowie Sinneseindrücke und Gefühle, die wir nur über körperliche Empfindungen spüren können.

Selbstrespekt bedeutet, all das, was Sie von sich wahrnehmen, gleich auf welcher Wahrnehmungsebene, ernst zu nehmen. Manchmal sind die Anzeichen ja nicht mehr zu übersehen oder zu überhören, sie drängen sich auf, ohne dass wir uns darum bemühen – doch viele starke Menschen übergehen diese Signale. Sie gehen davon aus, dass sie von selbst wieder verstummen, wenn sie einfach keine Notiz davon nehmen. Selbstrespekt heißt, sich selbst, also die eigene Person, mit ihren geistigen, emotionalen und körperlichen Möglichkeiten und Grenzen zu berücksichtigen. Gerade Menschen, die sich für stark und belastbar halten, haben sich im Lauf der Zeit oft regelrecht abgewöhnt, sich selbst aufmerksam und bewusst wahrzunehmen. Denn das könnte ja dazu führen, dass sie innehalten und ihr Tun infrage stellen müssten, statt einfach weiter zu funktionieren. Doch was man verlernt hat, kann man wieder lernen. Was man dazu braucht, ist die Bereitschaft, wenigstens für kurze Zeiten aus dem Hamsterrad der Geschäftigkeit auszusteigen und mit wachen Sinnen auf sich selbst zu achten. Denn während Sie im Hamsterrad strampeln, überlagern die Geräusche, die Botschaften, die Antreiber von innen und außen alle zarteren Signale. Um diese wieder wahrzunehmen, gilt es still zu werden, in sich zu gehen, den eigenen Atem zu beobachten, aufmerksam darauf zu achten, was sich in Ihnen regt. Diese Achtsamkeit lässt sich – zumindest solange der Burn-out sich noch nicht eingeschlichen hat – in jeden Alltag einbauen, wenn man es nur will und für wichtig genug hält. Ganz bei sich sein ist ein Gefühl, das vorwiegend in Momenten der Ruhe eintritt. Um mögliche Überforderungssignale rechtzeitig zu erkennen, sind Entspannungsphasen wichtig, während derer man in sich hineinhorchen kann: Wie fühle ich mich, wenn ich zur Ruhe komme? Kann ich überhaupt abschalten? Bin ich erholt, wenn ich morgens aufwache? Wann habe ich mich das letzte Mal richtig gefreut? Weiß ich noch, was meine Freundin mir gestern erzählt hat?

Gesundheitliche Störungen und Beeinträchtigungen entstehen häufig nicht von heute auf morgen, sondern entwickeln sich durch schlechte, weil ungesunde, Gewohnheiten. Doch auch wer schon aus dem Takt ist, kann seine innere Balance Schritt für Schritt zurückgewinnen. Die Heilmittel sind einfach, wohlbekannt und leicht zugänglich: Meditation, gute Ernährung, ein geregelter Tagesablauf und ausreichende Ruhezeiten. Unerlässlich sind regelmäßige Pausen im Tagesablauf. Menschen, die sehr gefordert sind, glauben häufig, es sei effizient oder bei ihrem Pensum sogar unumgänglich, dass sie – sobald sie mit einer Tätigkeit pausieren – eine andere zweckgerichtete aufnehmen. Eine erholsame Pause, in der Sie wieder Kraft schöpfen, ist aber eine, in der Sie möglichst mit sich alleine sind, ohne dabei noch irgendwelche Dinge zu erledigen, schon gar nicht mehrere gleichzeitig. Ob Sie dabei ausgewählte Musik hören, in einem entspannenden Buch oder einer Zeitschrift schmökern, einfach aus dem Fenster schauen oder im Straßencafé Leute beobachten, ist Ihrer allgemeinen Vorliebe oder spontanen Anwandlung überlassen, aber tun Sie nicht zwei oder gar mehrere gleichzeitig. Neurologische Untersuchungen haben gezeigt, dass wir die Aktivitäten beim angeblich effizienten »Multitasking« keineswegs parallel ausführen. Vielmehr springt unsere Aufmerksamkeit blitzschnell von einer Aktivität zur anderen – mit allen negativen Konsequenzen, die das für Konzentration und Stresspegel hat. Sich regelmäßige Pausen zu verkneifen führt keineswegs zu einer Leistungssteigerung, sondern zu einer Erschöpfungsspirale nach unten. Eine ähnliche Wirkung wie Pausen haben Rituale zum Tagesbeginn oder -ausklang. Widmen Sie kurze Zeiten nur sich selbst, ohne dass Sie damit einen praktischen Zweck verfolgen. Es ist also nicht das gewohnte morgendliche Stylen im Bad gemeint. Sie könnten an einem ruhigen Platz eine Tasse Tee ganz für sich alleine trinken, ohne gleichzeitig die Morgenzeitung zu überfliegen, eine Entspannungstechnik üben, Tagebuch schreiben oder Klavier spielen – Hauptsache ist, dass es Ihnen dabei hilft, (wieder) ein Gespür für sich selbst zu bekommen und das automatische Abspulen von Tätigkeiten zu unterbrechen oder zu stoppen. Die Regelmäßigkeit solcher Rituale hat schon an sich eine entlastende Funktion. Sie entbindet Sie davon, im

Trubel des Alltags immer wieder die Kraft aufbringen zu müssen, sich bewusst für eine kurze Auszeit zu entscheiden.

Starken Menschen vom Typ MACHER fehlt zur Selbstwahrnehmung häufig die Bereitschaft und die innere Erlaubnis, »Schwächen« wie Beschwerden, Sorgen oder Ängste bei sich überhaupt erkennen zu dürfen. Nach der Devise »Was nicht sein darf, das nicht sein kann« blenden sie die Möglichkeit und frühe Anzeichen eigener Erschöpfung oder Unzulänglichkeit einfach aus. Bis Körper und Seele dann unübersehbare Signale senden, haben sie sich in der Regel schon lange Zeit überfordert. Macher sind meist eher zugänglich für Signale ihres Körpers als für emotionale Anzeichen, weil diese für sie als Tatmenschen greifbarer sind. Obwohl es zum Selbstschutz gerade darauf ankommt, das ständige Tun zu unterbrechen, fällt es ihnen fürs Erste oft leichter, etwas anderes zu tun als nichts. Wenn Sie sich als Macher auf körperliche Entspannungstechniken wie Progressive Muskelentspannung oder Qi Gong einlassen, finden Sie über die zunehmende Wahrnehmung Ihres Körpers auch Zugang zu Ihrem Innenleben und Ihren Gefühlen.

Meditative Fragen für Macher

- Was sagt mir mein Körper?
- Was möchte ich lassen?
- Was ist schön daran,
    … nichts zu tun?
    … nichts zu wollen?
    … nichts zu müssen?

Je belasteter sie sind, desto mehr sind Macher gefährdet, sich noch mehr aufzuladen. Ihre automatische Reaktion auf Druck und Stress ist: »Augen zu und durch!« Die Aufmerksamkeit vom Tun abzuziehen und darauf zu richten, was sie lassen könnten, öffnet die Tür zu einer alternativen Denkrichtung. Sich zunächst einmal in der Fantasie die angenehmen Seiten des Nichtstuns vor Augen zu führen ist ein erster Schritt. Er erleichtert in der Realität die innere Erlaubnis zum (wenigstens gelegentlichen) Loslassen.

KÜMMERERN verhilft es zu einer besseren Selbstwahrnehmung, wenn sie Reize ausschalten, mit denen andere in ihr Bewusstsein dringen. Denn genau diesen Reizen können sie nur schwer widerstehen. Das bedeutet, das Telefon stummzuschalten, in ein anderes Zimmer beziehungsweise außer Hör- und Sichtweite zu gehen, um ungestört mit sich alleine zu sein. Starten Sie zum Anfang ruhig mit nur zehn Minuten. Als Kümmerer kommt es darauf an, dass Sie die Aufmerksamkeit gänzlich auf sich selbst richten, auch wenn zunächst nur für kurze Zeit.

Meditative Fragen für Kümmerer

- Was fühle *ich* gerade?
- Was würde *ich* jetzt am liebsten tun?
- Was würde *mir* jetzt guttun?

Sobald Sie darauf Antworten gefunden haben, ist der nächste Schritt an der Reihe, nämlich diese Erkenntnisse ernst zu nehmen. Wenn es für Sie einen hohen Wert hat, auf die Bedürfnisse anderer zu reagieren, gebietet es der Selbstrespekt, das auch bei sich selbst zu tun. Nur wenn Sie Energie zurückgewinnen, können Sie anderen wieder etwas zugutekommen lassen. Das heißt nicht, dass Sie jedem Impuls nachgeben sollen. Es heißt ernst zu nehmen und anzunehmen, was auch immer Sie für sich an Botschaften erhalten. Welche Möglichkeiten Sie dann wählen, diese Sehnsucht zu stillen, diesem Bedürfnis gerecht zu werden, ist der dritte Schritt.

Menschen vom Typ FUNKTIONIERER bekommen zwar oft mit, wie sie unter Druck geraten. Sie erlauben sich aber nicht, diese Wahrnehmung auch so ernst zu nehmen, dass sie innehalten und gegebenenfalls ihren Kurs ändern. Sie sind bestimmt von äußeren Erwartungen wie auch von inneren Ansprüchen und Zwängen. Oft haben Funktionierer äußere Erwartungen verinnerlicht und sich zu eigen gemacht. So stellen sie ihre Bedürfnisse automatisch zurück, bis irgendwann einmal Zeit dafür ist. Das kann am Ende des (Arbeits-)Tages sein, am Ende der Woche odcr wenn bestimmte Ereignisse oder Zustände vorbei sind. Leider ergibt sich diese Zeit nie oder viel zu selten von allein, weil sich ständig andere Notwendigkeiten in den Vordergrund drängen. Ihr Glaubenssatz »Erst wenn das alles erledigt ist, darf ich mir Ruhe oder eine Belohnung gönnen« führt in der Regel dazu, dass sie mit dem Abarbeiten umfangreicher To-do-Listen beschäftigt sind ohne Rücksicht auf ihre augenblickliche Verfassung oder auf tatsächliche Notwendigkeiten. Wenn Sie sich als Funktionierer erkennen, ist es ein wichtiger Schritt zum Selbstrespekt, diesen Glaubenssatz zu ändern. Sie können sich selbst die Erlaubnis geben, eigene Vorstellungen und Bedürfnisse auch schon zu berücksichtigen, bevor alles geschafft ist. Vielen hilft es, solche Pausen oder Erholungszeiten in ihren strukturierten Zeitplan aufzunehmen, um ihnen mindestens das gleiche Gewicht zu geben wie ihren Pflichtaufgaben.

Meditative Fragen für Funktionierer

■ Was ist schon gut, so wie es ist?
■ Was könnte ich regelmäßig
   ... täglich
   ... wöchentlich
   ... monatlich
   tun, um innezuhalten und aufzutanken?
■ Wann genau plane ich das ein?

Funktionierer fürchten, dass das Chaos ausbricht, wenn sie erst einmal die Zügel lockern, und dass sie sich dann nicht mehr aufraffen können, überhaupt noch etwas von ihren Pflichten zu erledigen. Sie haben Angst, dass Pausen sie in eine andere Verfassung bringen, in der sie eben nicht mehr gut »funktionieren«. Dieses Gefühl ist gar nicht so trügerisch. Denn erst die Unterbrechung versetzt sie in die Lage, sich die Frage zu stellen und zu beantworten, ob ihr Tun in der Gesamtheit sinnvoll und wirklich von ihnen gewollt ist. Was sie befürchten, könnte also bei einigen ihrer Posten tatsächlich eintreten. Aber genau das ist für Funktionierer der Weg zu Selbstbestimmung und Selbstsorge.

Gewohnheiten, die Pausen und Zäsuren im Tages- oder Wochenablauf entstehen lassen, bahnen den Zugang zur

Selbstwahrnehmung. Wenn Sie zu den leistungsstarken und einsatzfreudigen Menschen gehören, ist es für Sie besonders wichtig, durch solche Gepflogenheiten immer wieder den notwendigen Abstand zur Geschäftigkeit zu bekommen. Denn nur mit diesem zeitweiligen Abstand sind Sie in der Lage, zu fühlen und zu beurteilen, ob das, was Sie aktuell tun, auch das ist, was Ihnen langfristig guttut. Erst vorübergehender Abstand verschafft Ihnen den Zugang zu mannigfaltigen und anders gearteten Lösungsansätzen. Denn je dichter Sie dran sind an einer Situation, je mehr Sie im eigenen Hamsterrad strampeln, umso mehr verengt sich Ihre Perspektive zum Tunnelblick. Abstand ist auch wichtig, um den richtigen Moment abzupassen. Wir sind nicht immer in der Lage, selbstkritisch zu sein, manche Gelegenheiten eignen sich mehr als andere, um offen zu sein für ein ehrliches Feedback. Und der Augenblick, in dem ich eine »Eingebung« habe, dass alles doch nicht so easy ist, wie ich mir gern einrede, stellt sich nicht auf Kommando ein. Genauso wenig wie die Situation, in der ich mir eine Schwäche erlaube, eine Pflicht vergesse oder die Tränen fließen lasse. Diese Augenblicke brauchen den Spielraum, dass sie erkannt und genutzt werden, wenn sie sich ereignen. Dazu kommt es nur im Innehalten, in der Unterbrechung der Geschäftigkeit.

4.2 Selbstverantwortung und Selbstsorge

Was aus uns wird, darüber entscheiden letztlich nicht die Gene, nicht die Umwelt, nicht die Ereignisse. Was aus uns wird, darüber entscheidet im Wesentlichen die aktive Auseinandersetzung mit uns selbst.[46] Das bedeutet, uns selbst zu erkennen, unsere Talente einzusetzen und unsere Spielräume optimal zu nutzen. Es bedeutet aber auch, unsere Begrenztheit wahrzunehmen und anzunehmen. Diese Verantwortung und Fürsorge sind wir uns selbst schuldig. Wenn wir sie auf andere Menschen abwälzen oder den Umständen zuschreiben, machen wir uns selbst zum Opfer. Und das ist die genau gegensätzliche Haltung zum selbstbestimmten Stehaufmenschen. Selbstsorge erlauben sich viele starke Menschen nicht, weil sie dies bewusst oder unbewusst mit Egoismus gleichsetzen. Für sich selbst sorgen bedeutet aber keineswegs, für andere nicht zu sorgen. Beides lässt sich in einem gesunden Gleichgewicht berücksichtigen und verbinden. Es bedeutet, sich selbst nicht zu verschleißen bis zur völligen Erschöpfung, sondern verantwortlich, achtsam und wertschätzend mit den eigenen Kräften umzugehen.

Wenn Sie zu den KÜMMERERN gehören, dann fühlen Sie sich wahrscheinlich verantwortlich für die Menschen in Ihrem näheren Umfeld. Und vielleicht auch für alle, die Sie für bedürftig halten oder im christlichen Verständnis als Ihre »Nächsten« betrachten. Ihre Aufmerksamkeit wird sich automatisch immer wieder darauf richten, was diesen Menschen gerade fehlt und was Sie dazu beitragen könnten, dass sie es bekommen. Grundsätzlich ist das natürlich kein Widerspruch zu einer resilienten Grundhaltung. Doch was Sie aus Liebe und Mitgefühl tun, darf nicht zur Selbstaufopferung führen. Selbstaufopferung führt zur Selbstentfremdung.[47] Wenn Sie ganz selbstlos sind, dann sind Sie wörtlich gesprochen sich selbst los. Und was haben Sie anderen dann noch zu geben? Alle Veränderung, die Sie bei anderen erhoffen und in Gang setzen wollen, beginnt bei Ihnen selbst. Selbstverantwortung übernehmen bedeutet, dass Sie sich selbst ausreichend Wasser geben oder sogar geben lassen, bevor Sie sich um andere kümmern. Nur so können Sie Knospen treiben und blühen. Dann können Sie aus einem stabilen inneren Gleichgewicht heraus nach außen in Aktion treten, um für mehr Freude und Liebe zu sorgen. Und indem Sie allem Leben mit mehr Achtsamkeit, Respekt und Mitgefühl begegnen, lernen Sie gleichzeitig, sich selbst mehr aufrichtige Wertschätzung entgegenzubringen.

Wenn Sie zu den FUNKTIONIERERN gehören, sehen Sie sich wahrscheinlich verantwortlich dafür, dass die Dinge reibungslos laufen, dass an alles gedacht ist und alle zufrieden sind. Wahrscheinlich sind Sie bemüht, ausgesprochene und unausgesprochene Erwartungen so zu erfüllen, dass niemand ungehalten wird oder Grund hätte, Ihnen einen Vorwurf zu machen. Vielleicht fühlen Sie sich sogar zuständig für das Einhalten von Regeln, die Sie nicht erfunden haben und denen Sie nicht ausdrücklich zugestimmt haben. Funktionierer lassen sich in ihrer Verantwortlichkeit leicht fremdbestimmen. Sie sind bemüht, die Erwartungen von außen zu erfüllen, meist ohne zu hinterfragen, ob sie selbst diese Wünsche oder Forderungen teilen können und wollen. Oft wird es ihnen nicht einmal bewusst, wenn diese Erwartungen nicht ihren eigenen Vorstellungen und Werten entsprechen. Das führt nicht nur dazu, dass sie sich in dem, was sie tun, von außen bestimmen lassen. Sie nehmen auch nicht die Entscheidung in die Hand, ob sie, ohne sich zu schaden, dazu in der Lage sind. Als Funktionierer bedeutet Selbstsorge zu prüfen, ob Sie das, was zu tun ist, wirklich wollen und ob Sie es im Rahmen ihrer aktuellen Möglichkeiten können. Erst wenn Sie zu beidem klar Ja gesagt haben, gilt es zu organisieren, wie und wann. Nehmen Sie diese Selbstverantwortung nicht wahr, macht sich auf Dauer das Gefühl von Sinnlosigkeit und Frustration breit. Denn Sie tun dann so viel, wie Sie eben schaffen, doch es scheint beliebig, was Sie tun. Eigenmotivation und Lebensfreude bleiben auf der Strecke. Funktionierer haben oft die unausgesprochene oder sogar unbewusste Befürchtung, dass sie nicht mehr in der Lage sind, wie gewohnt zu funktionieren, wenn sie erst einmal zu sich selbst kommen. Genau das ist aber ihr Ausstieg aus der Überforderung, denn solange das »Funktionieren funktioniert«, bindet es ihre Energien und ihre Aufmerksamkeit. Senken Sie Ihre Belastungsgrenze: Was ist, wenn Sie einmal keine Listen mehr abarbeiten? Wer sind Sie dann?

Wenn Sie sich als MACHER erkennen, sind Sie es wahrscheinlich gewohnt, die Dinge anzupacken. Weder Sie selbst noch die Menschen in Ihrer Umgebung kommen so schnell auf Idee, Sie würden nicht für sich Verantwortung übernehmen. Das Gegenteil scheint der Fall zu sein, da Sie ja gerade unter Druck die Dinge resolut in die Hand nehmen und unzweifelhaft Stärke ausstrahlen. Aber übernehmen Sie auch die Verantwortung für Ihre Grenzen? Gehen Sie fürsorglich mit sich selbst um, wenn Sie körperlich oder seelisch nicht in guter Form sind? Erlauben Sie sich, in schwierigen Situationen auch einmal ratlos zu sein, sich nicht zu beteiligen oder Angst zu haben? Und können Sie das eingestehen und um Unterstützung oder Rücksichtnahme bitten? Macher wirken auf den ersten Blick häufig so, als würden sie gut für sich sorgen oder es zumindest problemlos können, wenn es nötig ist. Doch gerade sie haben damit häufig große Schwierigkeiten. Einzugestehen, dass es notwendig ist oder wird, sich zu schonen, deutet nach ihrem Selbst- und Weltbild auf Schwäche hin. Genau die versuchen sie zu vermeiden, manchmal um jeden Preis. Wenn sie unter Druck geraten, verstärkt sich dieses Verhaltensmuster noch. Denn der automatische Umgang mit Schwierigkeiten, Stress und Krisen besteht für Macher darin, möglichst schnell die Kontrolle wiederzugewinnen, indem sie aktiv werden. Situationen, in denen sie nichts tun können, sondern abwarten oder aushalten müssen, finden sie unerträglich. Verdammt zur Untätigkeit, fühlen sie sich lahmgelegt, ausgeliefert oder auch ausgetrickst, wenn ihrer Einschätzung nach andere Menschen diesen Zustand herbeigeführt haben. Selbstverantwortung übernehmen heißt aber nicht nur, etwas zu tun. Selbstverantwortung kann gerade darin bestehen, bewusst die Entscheidung zu treffen, etwas zu lassen oder anderen zu überlassen. Das zu verstehen und umzusetzen bringt Macher aus der Überforderungsfalle. Als Macher bedeutet Selbstsorge, Ihre eigenen Grenzen ernst zu nehmen und auch einmal die Kontrolle über eine Situation komplett abzugeben, wenn Sie überfordert oder überlastet sind. Darüber hinaus können Sie Ihre Handlungsenergie gezielt dafür einsetzen, Unterstützung zu bekommen oder um Hilfe zu bitten. Es fällt Machern schon schwer genug, Hilfe anzunehmen, sie aktiv zu suchen dürften viele von ihnen als Zumutung betrachten. Doch auch Macher müssen sich darüber klar werden, dass sie nur machen können, wenn sie Macht, das heißt Kraft und Möglichkeiten dazu haben.

Selbstsorge heißt, nicht kurzfristig allen beliebigen Impulsen nachzugeben. Selbstsorge ist gekoppelt an Selbstverantwortung und umfasst das Berücksichtigen körperlicher, seelischer und geistiger Bedürfnisse. Es liegt in meiner Verantwortung, immer wieder eine Balance zu finden zwischen Lust und Last und mein Teil dazu zu tun, dass mein Körper, mein Geist und meine Seele gesund und stark bleiben. Ich habe die Verantwortung, meine geistigen Bedürfnisse wie Bildungsinteressen und Kreativität ernst zu nehmen: mir die Zeit für ein Buch zu nehmen, mich fachlich auf dem Laufenden zu halten, mich auf anspruchsvolle Gespräche einzulassen und mir die Freude am Lernen und das Interesse an neuen Themen zu erhalten. Selbstsorge bedeutet auch, meine ästhetischen Bedürfnisse nicht zu vernachlässigen, die Dinge zu bemerken und zu würdigen, die schön sind und sich aus dem Alltäglichen hervorheben – in der Natur, in der Kunst, der Musik, der Literatur, in Landschaften und unter Menschen. Auch für meine sozialen Bedürfnisse bin ich zuständig. Dazu gehört Nähe und Geborgenheit geben und bekommen, eingebunden sein in private und öffentliche Gruppen, Kontakt zu Menschen zu pflegen, von denen ich Zuspruch und Ermutigung erfahre und von denen ich lernen kann, aber mir auch nicht immer die fernhalten, die mich konfrontieren und an denen ich mich reiben kann. Selbstsorge umfasst auch, mich um meine ethischen und spirituellen Bedürfnisse zu kümmern: Werte haben, sie mit anderen teilen und das Leben danach gestalten können, an etwas oder jemanden glauben können, aus einem guten Geist heraus leben, arbeiten, anderen Menschen und mir begegnen zu können.[48] Diese verschiedenen Bereiche der Selbstsorge weisen gleichzeitig auf meine Kraftquellen hin: Je mehr ich die berücksichtige und pflege, die für mich am wichtigsten sind, desto mehr fließt von dort auch wieder Energie und Stärke zurück.

Die Voraussetzung für Selbstverantwortung und Selbstsorge ist, sich selbst ohne Vorbehalte anzunehmen. Aufrichtige und liebevolle Selbstannahme ist nicht zu verwechseln mit eitler Selbstsucht. Echte Selbstannahme ist der beste Schutz vor Selbstsucht. Denn wer sich nicht angenommen hat, läuft einem Wunschbild nach. Und weil er weiß, dass er diesem Bild nicht entsprechen kann, ist er zutiefst unsicher. Wer kein eigenes Ja zu sich findet, betrachtet sich ausschließlich durch die Brille anderer Leute. Loben sie ihn, kann er nicht genug davon bekommen. Wird er kritisiert, ist er am Boden zerstört. Er ist geradezu süchtig nach der Zustimmung seiner Umgebung, er braucht sie wie die Luft zum Atmen. Er lebt in einer Rolle, mit der er hofft die gewünschte Bestätigung zu finden. Nicht selten sind es sogar wechselnde Rollen, die er spielen muss. Wahre Selbstannahme heißt jedoch, dass Sie nicht nur das annehmen, was Ihnen gefällt, sondern auch zu den unerwünschten oder unangenehmen Seiten Ihrer Persönlichkeit und Lebensverhältnisse stehen. Die Annahme Ihrer Persönlichkeit, Ihres gesamten Lebens, mit allem, was dazugehört, ist die Voraussetzung zu einem authentischen Leben.[49]

So positiv es auch ist, das zu lernen, es ist wie jede Veränderung harte Arbeit. Gerade starke Menschen machen sich leicht falsche Hoffnungen, weil sie sich das oft nicht klar machen. Überzeugt, dass sie allein mit Willenskraft erreichen, was sie wollen, überschätzen sie das Ausmaß der Veränderungsmöglichkeiten und unterschätzen die Zeit, die es dauert, bis Bewegung in die Sache kommt. In der Psychologie kennt man dieses Phänomen als »False-Hope-Syndrom«.[50] Was ihre Selbstentwicklung angeht, neigen Starke zu überzogenen Erwartungen, die sie blind machen für durchaus vorhandene, aber bescheidenere Erfolge. Denn zu hoch geschraubte Erwartungen lassen respektable Veränderungsschritte als Versagen erscheinen. Statt abzuwarten, wie sich der Wandel in einem Bereich auf die anderen auswirkt, gehen sie davon aus, dass gleich alles besser werden muss. Stellen sie dann fest, dass ein solch simpler Zusammenhang nicht besteht, verlieren sie schnell die Motivation zur Veränderung und fallen in ihr altes Verhalten zurück. Auch wenn Ihre gewohnte Zielstrebigkeit gepaart mit Ungeduld Sie dazu verführt, gleich mehrere Dinge auf einmal verändern zu wollen: Es kostet viel zu viel psychische Energie, wenn man sich in mehr als einem Bereich kontrollieren muss.

Studien belegen, dass erfolgreiche Selbstveränderer einen langfristigen Prozess durchlaufen, der in sechs Stadien verläuft.[51] Auf der ersten Stufe (ABWEHREN) wehren wir die Notwendigkeit der Veränderung ab. »Ich bin okay. Alles ist in Ordnung.« Was nach gesundem Selbstbewusstsein aussieht, ist in Wirklichkeit meist Verleugnung. Wir streiten hartnäckig ab, ein Problem zu haben, wollen nichts hören, was uns zum Nachdenken bringen könnte. Wenn Angehörige und Freunde uns den Spiegel vorhalten oder uns Druck machen, führt das in der Regel zu Trotzreaktionen oder Rückzug. Haben wir bereits fehlgeschlagene Veränderungsversuche hinter uns, kann das die Abwehr noch vergrößern.

Auf der zweiten Stufe (BEWUSSTWERDEN) kreisen unsere Gedanken um das Problem. Wir wägen die Vor- und Nachteile einer Veränderung ab, wir lesen Bücher dazu oder gehen zu Vorträgen. Wir wissen, dass wir ein ernstes Problem haben und dass etwas geschehen muss, sind aber noch weit vom konkreten Handeln entfernt. Zwar ist der Wunsch nach Veränderung groß, doch fühlen wir uns noch nicht imstande, aktiv zu werden. Die Zeit scheint noch nicht reif.

Erst auf der dritten Stufe (VORBEREITEN) konzentrieren wir uns mehr auf die Lösung als auf das Problem und denken mehr an die Zukunft als an die Vergangenheit. Eine positive Vision von unserem veränderten Selbst und dem neuen Leben hilft, einen endgültigen Entschluss zu fassen und uns klar zu werden, welche konkreten Schritte wir unternehmen wollen. Wer sie erfolgreich durchlaufen will, muss dem angestrebten Ziel oberste Priorität einräumen! Manche sind so begeistert von ihrer Veränderungsbereitschaft und dem Gefühl, ihr Leben wieder unter Kontrolle zu bringen, das sie das als belohnend genug empfinden und zwischen Entschluss und Tat steckenbleiben.

Auch die vierte Stufe (HANDELN) bedeutet noch nicht, dass die Veränderung schon geschafft ist. Sie gelingt am besten, je grundlegender und konkreter der Plan in der dritten Stufe ausgearbeitet wurde. Wird diese vernachlässigt oder übersprungen, ist das neue Verhalten oft nicht von Dauer und bleibt instabil.

Auf der fünften Stufe (DRANBLEIBEN) sollten wir darauf vorbereitet sein, mit Rückschlägen umzugehen. Sie gehören zu jedem Veränderungsprozess dazu und niemand ist gefeit davor. Rückfälle passieren in Stresssituationen, durch sozialen Druck, manchmal schon bei der kleinsten Irritation. Gerade starke Menschen überschätzen ihre Willenskraft und werfen sich persönliches Versagen vor, wenn sie auf eine frühere Stufe zurückfallen. Doch fast alle

Menschen kommen irgendwann ins Stolpern. Selbst sehr erfolgreiche Selbstveränderer brauchen im Durchschnitt fünf Anläufe, bis sie schließlich ihr Ziel erreichen.

Auf der sechsten Stufe (STABILISIEREN) sind die alten Verhaltensweisen überwunden, die neuen selbstverständlich geworden. Doch wer sich verändern will, lebt oft lange Zeit in einem Niemandsland zwischen »Nicht mehr« und »Noch nicht«, ein Zustand, der nicht leicht auszuhalten ist. Daher endet nicht jeder Veränderungsprozess mit Stabilisierung, manchmal wird die fünfte Stufe zum Dauerzustand und erfordert permanente Achtsamkeit. Das ist die Selbstverantwortung, die es zu übernehmen gilt, wenn Sie Selbstsorge langfristig ernst nehmen. Resiliente lassen sich nicht entmutigen, immer wieder anstehende Selbstveränderungsprozesse anzugehen, die sie in ihre innere Balance bringen.

Schritt 1 für eine mögliche Veränderungsinitiative: Akzeptieren und verstehen Sie Ihre Vorbehalte und Ängste

Spielen Sie immer mal wieder durch:
Was passiert eigentlich, wenn …
    … ich weniger arbeite?
    … ich meine Eltern nur einmal im Monat besuche?
    … ich nicht mehr selber koche?
    …

Die persönliche Belastung lässt sich senken, wenn Sie zulassen und zugeben können, dass Ängste Sie daran hindern, sich zu schonen, kürzerzutreten oder andere Gewohnheiten in ihrem Leben zu ändern. Sie müssen diese Ängste nicht wegmachen wollen, versuchen Sie lieber zu verstehen, was für verborgene Befürchtungen Sie umtreiben, und zu akzeptieren, dass es so ist.

Schritt 2 für eine mögliche Veränderungs-initiative: Gewinnen Sie Selbstbestimmung und Kontrolle zurück

- Erzeugen Sie bei anderen keine Erwartungshaltung, die Ihnen selbst anschließend Stress beschert.
- Bevor Sie gegen Ihr Gefühl zu etwas Ja oder Nein sagen, nehmen Sie sich Bedenkzeit.
- Definieren Sie Ihr minimales! Tagespensum. Alles darüber hinaus ist Kür.

Wir unterschätzen oft die Zeit und die Energie, die wir für etwas brauchen. Nicht nur starke Menschen haben die Tendenz, sich viel zu viel vorzunehmen. Wenn Sie unrealistisch planen, sind Sie angesichts der Fülle von Aufgaben schon früh entmutigt. Sie erleben sich als Versager, weil Sie sowieso nie alles schaffen, egal wie sehr Sie sich auch anstrengen.

Schritt 3 für eine mögliche Änderungsperspektive: Unterbrechen Sie das Laufen im Hamsterrad und machen Sie regelmäßig Pause(n)

■ Verplanen Sie gewonnene Zeit nicht sofort wieder mit neuen Tätigkeiten, sondern begrüßen Sie sie als Zeitpuffer.

Wir füllen jede freie Minute, funktionieren unaufhörlich wie ein Uhrwerk und wundern uns dann, wenn uns die Puste ausgeht. Pausen stabilisieren durch Anfangs- und Endmarken und verhindern, dass Sie den Überblick verlieren, an was und an wie vielen Dingen Sie gleichzeitig arbeiten. Besonders in einem Umfeld, das keinen Feierabend und keinen Sonntag mehr kennt, helfen Pausen, Strukturen im Alltag zurückzuerobern. Weder Ideenreichtum noch Effektivität lassen sich allein durch Selbstdisziplin erzwingen. Pausen verschaffen die zur Kreativität nötige Zeit für Reflexion und Kontemplation.

Wer stark sein will, muss es aushalten können, ab und zu ganz schwach zu sein. Starke, die das nicht schaffen, scheitern letztlich gerade an ihrer Stärke. Keine innere Kraft, und sei sie noch so ausgeprägt, ist unerschöpflich. Kulturen, die auf ein Herdfeuer angewiesen sind, betrachten es als eine Kostbarkeit und hüten es sorgsam, damit es nicht zu Asche zerfällt. So müssen auch unsere inneren Kräfte gehegt und gepflegt werden, wenn sie uns dauerhaft zur Verfügung stehen sollen. Auf welche Weise auch immer Sie Ihre Stärke am meisten einsetzen: Dieselbe Kraft, die Sie in die Überforderung zu bringen droht, können Sie nutzen, um sich daraus zu befreien oder gar nicht erst hineinzugeraten. Indem Sie diese in eine andere Richtung lenken, kommen Sie in Balance. Als MACHER nehmen Sie es in die Hand, für sich zu sorgen. So wie Sie auch viele andere Dinge in Ihrem Leben tun: ohne Zögern und ohne Zaudern, entschlossen und aktiv. Als KÜMMERER gehen Sie mit sich selbst genauso um, wie Sie es mit bedürftigen Menschen tun: Verwöhnen Sie sich, nehmen Sie wahr, was Ihnen fehlt, versorgen Sie sich mit dem, was Ihnen guttut. Wenn Ihnen auch das noch schwerfällt, machen Sie sich klar, dass das letztlich auch dem oder den Menschen zugutekommt, für den Sie sich verausgaben. Als FUNKTIONIERER nutzen Sie Ihre Fähigkeit zu organisieren und sich an einen einmal ausgearbeiteten Ablauf zu halten. Erweitern Sie Ihre realen oder gedachten To-do-Listen um die Punkte, die Ihnen Erholung bringen: Tee trinken bei Ihrer Lieblingsmusik, faulenzen, schwimmen, spielen – was auch immer, planen Sie großzügig Zeit dafür ein und halten Sie sich an Ihren Plan.

Erste-Hilfe-Programm zur Selbstsorge

Drohen die Wellen über Ihnen zusammenzuschlagen? Dann verschaffen Sie sich mit der Beantwortung folgender Fragen Luft:

- ■ Was muss getan werden?
  - … Muss es von mir getan werden?
  - … Muss es jetzt getan werden?
  - … Muss es auf diese Weise getan werden?
  - … Muss es überhaupt getan werden?

- Zu welchem Einsatz bin ich mit Kopf, Körper und Seele bereit?
- Welchen guten Ausgleich finde ich dafür
  ... dieses eine Mal?
  ... generell?

4.3 Gewinn für alle durch Balance

Wozu sollten sich Starke überhaupt die Mühe machen, ihr Verhalten zu ändern? Warum nicht einfach so weitermachen solange es geht? Der Rest wird sich dann schon finden. Solange sie im Kräftegleichgewicht sind, also immer wieder auftanken, was sie abgeben, ist das auch in Ordnung. Es hebt natürlich das Selbstwertgefühl, wenn man auch stärkeren Belastungen gewachsen ist und mit vielfältigen Veränderungen und anspruchsvollen Stresssituationen gut zurechtkommt. Tatsache ist jedoch, dass auch immer mehr starke und belastbare Menschen chronisch erschöpft sind und sich permanent gestresst fühlen. Resilienz als Bündel von effektiven Lebensstrategien beinhaltet eben auch die Bereitschaft, die Grenzen der eigenen Belastbarkeit realistisch wahrzunehmen und die Fähigkeit, auch eigene Schwäche, Misserfolge oder drohende Einschnitte annehmen zu können. Das bedeutet, auch aus einer solchen Lage heraus über wirksame Strategien verfügen zu können und nicht nur einseitig aus der Position als starker Macher, Kümmerer oder Funktionierer.

Wenn Sie Ihr Resilienzprofil in dieser Hinsicht in Balance bringen, haben Sie nicht nur gute Chancen, Ihre Stärken und Kraftquellen zu pflegen, zu entwickeln und zu erhalten. Sie haben auch die besten Aussichten, ein Leben zu führen, das Ihren eigenen Bedürfnissen weitgehend gerecht wird. Ein resilienter Lebensstil ist der beste Selbstschutz in Lebenskrisen und schweren Zeiten, in Phasen sich überstürzender Veränderungen und aufgezwungener Reformen. Wenn Dinge im Leben sich schlagartig ändern, bedeutet das, dass man sich neu orientieren muss – und dann vielleicht sogar einen besseren Lebensplan entwickelt. Manche Menschen entdecken nämlich erst durch eine Krise, was sie bislang versäumt haben und welchen Dingen sie künftig mehr Gewicht einräumen wollen. »In einer solchen Phase des Lebens haben wir eine größere Nähe zum Unbewussten, zu neuen Ideen, auch zu anderen Menschen«, weiß die Psychotherapeutin Verena Kast.[52] Dabei entdecken wir neue Facetten unserer eigenen Identität, wir werden wieder stimmiger mit uns selbst, gewinnen größere Klarheit über unsere Ziele, werden meistens auch eigenständiger und gewinnen an Selbstvertrauen.

Ob dieser Prozess gelingt oder scheitert, ob eine Krise zu einer Chance wird oder zu einem Fiasko, hängt ganz wesentlich davon ab, wie wir in dieser Situation mit unserer Angst umgehen. Die zunehmende Fixierung auf das Krisenthema verschärft die Angst, macht sie zum Selbstläufer in eine Sackgasse. Wer die drängenden äußeren Probleme lösen und gleichzeitig das anstehende Lebensthema bewältigen will, kommt nicht umhin, sich seinen Ängsten zu stellen und mutig erste Schritte auf neuen unbekannten Wegen zu wagen. Umbruchsituationen, schwierige Zeiten und Lebenskrisen sind auch eine Gelegenheit, wieder an schlummernde Ressourcen, verschüttete Talente und Neigungen anzuknüpfen, sich auf Eigenkräfte zu besinnen, die in Vergessenheit geraten sind, und sie zu aktivieren. Talente sollen wir nach biblischer Aussage nicht vergraben. Sie sind uns geschenkt, damit wir sie nutzen, ausbauen und mehren.

Haben Sie eine Schatzkiste, eine Schachtel oder Schublade, in der sie ganz Persönliches (Tagebuch, einige wichtige Briefe, besondere Andenken...) aufbewahren? Es stärkt und bereichert Sie, wenn Sie Ihre Ressourcen, Ziele und Entwicklungsschritte aufschreiben, dort verwahren und von Zeit zu Zeit wieder hervorholen. Die folgenden Anregungen »Für die Schatzkiste« können Sie dafür aufgreifen.

Für die Schatzkiste

- Talente, die ich ausbauen kann
- Talente, die ich wieder ausgraben (bewusstmachen) kann
- Talente, die gerade in dieser Situation hilfreich sind

Gerade starke Menschen fühlen sich an einmal gefasste Ziele gebunden, weil sie darin geübt sind, die dafür notwendigen Kräfte zu aktivieren. Krisen und Umbrüche bieten gerade auch ihnen die Chance, wieder einmal zu hinterfragen, ob sie mit ihren Vorstellungen und Zielen noch auf Kurs sind. Wenn sie mit ihrem Latein am Ende sind, können auch Starke lernen und üben, sich von Strategien, die bis dahin erfolgreich waren, wieder zu lösen. Aber selbst dann, wenn der Nutzen eines Ziels schon infrage gestellt ist, bleiben immer noch die Kosten eines Zielabbruchs im Raum. Je höher die Kosten, desto mehr kleben wir am ursprünglichen Ziel. Starke können lernen aufzugeben, wenn sie zu der Einschätzung kommen, dass die weitere Verfolgung des Ziels sie emotional und energetisch teurer zu stehen kommt. Dennoch bleibt die endgültige Verabschiedung eines Ziels ein langwieriger und meist schmerzhafter Prozess. Bei Misserfolgen erhöhen Starke zunächst ihre Anstrengungen und aktivieren dafür alle Reserven. Wenn die ganze Mühe trotz allem nicht auszureichen scheint, folgt eine eher niedergeschlagene Phase verbunden mit Enttäuschung und Lustlosigkeit. Erst in dieser können sie sich vom ursprünglichen Projekt lösen und wieder frei werden, sich an neue Ziele zu binden.

Festhalten an fragwürdigen Zielen beeinträchtigt auf jeden Fall unser Wohlbefinden. Wenn es Ihnen schwerfällt, sich von einmal gesetzten Zielen zu lösen, auch wenn Sie ihnen nichts Positives mehr abgewinnen können, dann spielen Sie immer wieder mögliche Alternativen durch. Das lässt mit der Zeit einen mentalen Sog entstehen, der Sie fast unmerklich in Richtung eines neuen Ziels aktiv werden lässt.

Für die Schatzkiste

- Vorteile, die mit dem Loslassen/Aufhören verbunden sind
- Mögliche Alternativen

So tun, als hätten Sie sich für eine schon entschieden:
- Konkrete Schritte, die ich dafür tun kann.

Eine solche wiederholte Überprüfung ihrer Ziele und Vorgehensweisen bewahrt Starke davor, ihre Kräfte für das Unmögliche zu verschleißen, und schärft ihren Blick für das Bestmögliche. So wird jeder Schritt ein Ankommen bei sich selbst und damit bei selbstverantworteten und selbstbestimmten Zielen. Etwas zu lassen bringt Gelassenheit, und Gelassenheit verhilft Starken dazu, Selbstwahrnehmung zu trainieren und Selbstsorge ernst zu nehmen. Gelassenheit hilft aber auch, persönlichen Veränderungsprozessen ihre Zeit zu geben und mit Geduld zu ertragen, was sich nicht ändern lässt. Gelassenheit wirkt chronischer Erschöpfung entgegen und ist eine wirksame Vorbeugung gegen Burn-out.

»Gewinnende Verlierer« nennt Martin Doehlemann Menschen, die im Scheitern für sich die Chance entdecken, ihr eigentliches Selbst zu entfalten.[53] Ihnen öffnet eine Niederlage bislang verschlossene Türen. Plötzlich sehen sie eine Möglichkeit, Neues zu erproben, die beengende Routine hinter sich zu lassen, die bislang brachliegende Kreativität zu entwickeln, sich aus unguten Abhängigkeiten zu lösen und endlich das tun zu können, was sie immer schon tun wollten, aber aus Rücksicht auf die Wünsche anderer nicht getan haben. Sogar wenn man sich bisher auf einem guten Weg wähnte, kann die Erfahrung und Erkenntnis, dass man auch noch ganz anders sein kann, die Kraft und den Schwung für einen Neuanfang bereitstellen. Der Nutzen des Scheiterns kann also darin liegen, dass deutlicher wird, was für einen selbst richtig und stimmig ist. Denn wer an einer längst gescheiterten Beziehung festhält, wer nicht wahrhaben will, dass seine beruflichen Pläne sich nicht verwirklichen lassen, wer sich in Selbstbeschwichtigung ergeht oder im Alkohol, im Essen oder in anderen Drogen Vergessen sucht, bringt sich um die Chance, den Gewinn im Verlust zu erkennen. Im Fall des Scheiterns sind positive Illusionen kontraproduktiv: Man verpasst Chancen, weil man unrealistischen Vorstellungen anhängt und auf Alternativen nicht vorbereitet ist. Wer sich das Scheitern mit aller Klarheit eingesteht, begreift auch, dass eine weitere Verfolgung des Ziels aussichtslos und Kräfte raubend ist. Wenn aber die Möglichkeit des Misserfolgs nicht genauso selbstverständlich wie die des Erfolgs einkalkuliert und akzeptiert wird, führt das Scheitern zu Schamgefühlen, Depressionen und Passivität. Wer Niederlagen und Verluste um jeden Preis vermeiden und leugnen muss, der wird um entscheidende Erkenntnisse, Einsichten und Anreize aus dieser Erfahrung betrogen.

Für die Schatzkiste

- Was ich aus früheren Misserfolgen gelernt habe
- Was ich aus der aktuellen Schwierigkeit lernen kann
- Verluste, die ich erlitten und inzwischen verschmerzt beziehungsweise kompensiert habe
- Fähigkeiten, die ich durch Scheitern erworben habe

Mit dieser Haltung können Niederlagen Wachstum bedeuten, kann Versagen Gewinn bringen. Indem sie neue Fähigkeiten erwerben, mit denen sie sich und die Welt besser steuern können, profitieren Menschen sogar von traumatischen Erfahrungen, denn sie können flexibler mit Unbekanntem umgehen. Wer auf diese Weise lernt, Verluste und Rückschläge zu meistern, erlebt einen spürbaren Zuwachs an Selbstvertrauen. Wie ein Muskel, der sich nur entwickelt, wenn er systematisch trainiert wird, wächst auch das Selbstvertrauen »unter Spannung«, nämlich durch die Bewältigung von Schicksalsschlägen.[54] Die meisten Menschen finden vor allem durch leidvolle Erfahrungen zu neuen Wegen. Diese bringen sie aus der Einseitigkeit im Denken und Handeln heraus.

Dass sie lernen, mit ihren Kräften klug hauszuhalten, ist nicht nur für die Starken selber eine unerlässliche (Über-) Lebensstrategie. Auch für die, die von starken Menschen in ihrem Umfeld profitieren oder sogar auf sie angewiesen sind, kann es von existenzieller Bedeutung sein, mit darauf zu achten, dass diese sich nicht dauerhaft verausgaben. Wenn Starke nicht immer und grenzenlos bereitstehen, ist das auch ein Anstoß, die eigenen Kräfte zu sammeln und zu pflegen und die eigene Stärke auszubauen. Wenn Starke auch ihre schwachen Seiten zugeben können, entstehen Beziehungen auf Gegenseitigkeit, in denen die vermeintlich Schwachen ausreichend Gelegenheit haben, sich zu revanchieren für das, was sie bekommen haben. Das wiederum stärkt ihren Selbstrespekt. Und wenn die augenblicklich Starken sich bewusstmachen, dass sie jederzeit auch auf der anderen Seite landen können, gewinnen sie die Demut und Bescheidenheit, die sie wohltuend machen im Umgang mit anderen und milde im Umgang mit sich selbst.

Burn-out, Depression, Suizidalität oder Sucht sind häufige Helfererkrankungen. Professionelle Helfer gehören zu den Starken, die besonders gut darauf achten müssen, ihre eigenen Kräfte immer wieder zu sammeln und wieder aufzutanken. Sie können und müssen sich darin üben, nicht am

Leid anderer zu zerbrechen, dennoch im beruflichen Handeln zu fühlen, sich auch im Leid den Sinn für Humor zu bewahren und weinen zu können, ohne auf Dauer handlungsunfähig zu sein. Selbstwahrnehmung und Selbstsorge bedeuten für sie, dass sie merken, wenn sie als Helfer an ihre Grenze kommen, und dass sie die Fähigkeit entwickeln, dann selbst um Hilfe zu bitten und rechtzeitig (auch professionelle) Hilfe anzunehmen. Resilienz im Helferberuf umfasst die Fähigkeit mitzufühlen angesichts von Not und Leid und sich vor Erstarrung zu bewahren. Für manche von ihnen ist es eine tagtägliche Herausforderung, ihre eigenen zeitlichen, kräftemäßigen oder finanziellen Grenzen wahrzunehmen und zu wahren, sich der eigenen Begrenztheit und Ohnmacht zu stellen und gleichzeitig die Erhaltung ihrer Lebensqualität im Blick zu behalten.

Für die Schatzkiste

- Meine »unerledigten Geschäfte«
- Wer und was mich motiviert und inspiriert
- Was ich brauche
- Meine Veränderungswünsche

Selbstverantwortung brauchen sie, um sich konsequent Zeit für Privates, Freizeit, Beziehung und Familie zu nehmen und so oft wie möglich Dinge zu tun, die ihnen Spaß machen. Ihre Gewohnheiten zu verändern, beispielsweise sich mit Freunden zu treffen, statt fernzusehen, kann sie nicht nur stärken, um ihre Funktion ohne Schaden ausüben zu können. Es bringt sie auch in ihrer persönlichen Entwicklung weiter.

Gemeinschaften von der Familie über den Sportverein bis hin zum Gemeinwesen gesunden gemeinsam, wenn Starke auch schwach sind und sein dürfen und die Schwachen auch stark. In dieser Gegenseitigkeit, die es erlaubt, die Rollen flexibel zu gestalten, wächst die Widerstandskraft gegen widrige Umstände von außen wie auch für die Verarbeitung persönlicher Schicksale. Alle finden Bindung und Geborgenheit.

Eine Gesellschaft, die ihre Ressourcen nicht nutzt und pflegt, wird früher oder später so geschwächt, dass sie nicht überleben kann. Wie bei den Rohstoffen, so müssen auch menschliche und soziale Ressourcen immer wieder aufgebaut und gepflegt werden, so dass sie sich erholen können. Auf diese Weise wird Raubbau vorgebeugt, der die Ressourcen verschleißt, so dass sie früher oder später zum Versiegen kommen. Unsere Gesellschaft ist angewiesen darauf, dass jede und jeder anderen etwas davon zugutekommen lässt, wenn er in starker Position oder Verfassung ist. Sie kann es sich aber auch nicht leisten, dass diese Menschen sich zunehmend so auspowern oder so lange ausgesaugt werden, bis ihre Kraftquellen versiegen. Einsatz und Engagement müssen gewürdigt und wertgeschätzt werden, alle Beteiligten tragen Verantwortung dafür, dass Einzelne nicht immer weiter belastet werden, bis sie zusammenbrechen. Wo immer es gelingt, eine solche Kultur zu schaffen, entsteht eine Gesellschaft, die dadurch stark ist, dass sich alle nach ihren Möglichkeiten einbringen und darin Befriedigung finden. Eine Gesellschaft, in der jeder ermutigt und unterstützt wird, seine Grenzen zu ziehen, bevor er zu keiner Leistung und keiner Lebensfreude mehr imstande ist. Eine Gesellschaft, in der Scheitern und Misserfolg als zum Leben gehörig betrachtet werden und kein Grund sind, sich zu schämen. Eine Gesellschaft, in der jeder ermutigt wird, seine Chancen für ein selbstbestimmtes und engagiertes Leben wahrzunehmen. Auf diese Weise wird eine resiliente Gemeinschaft die Resilienz ihrer Mitglieder fördern. Je resilienter diese sind oder werden, desto stärker wird dies auch die Gemeinschaft als Ganzes bestärken. Ein segensreicher Rückwirkungsprozess ist in Gang gesetzt.

Schlussgedanken

Sei du selbst die Veränderung,
die du dir wünschst für diese Welt.
Mahatma Gandhi

Kann man lernen, sich auf Krisen vorzubereiten? Ja, sagen die Experten. Eine Studie der Universität Bielefeld hat sogar herausgefunden, dass es möglich ist, die eigene Seele widerstandsfähiger vor den Einflüssen einer Krise zu machen. Ihre Formel für die Zufriedenheit lautet: gute Freunde, Familie, Bildung, Kreativität, eine realistische Selbsteinschätzung – und ganz viel Humor.[55] Da sich Resilienz in jeder Lebensphase entwickeln kann, gilt grundsätzlich: Jeder kann sie jederzeit lernen. Langzeitstudien zeigen, dass dafür meistens keine professionelle Unterstützung notwendig ist. Es kann genügen, dass sich im Umfeld eine Chance auftut und genutzt wird, beispielsweise eine Ausbildungsmöglichkeit oder der Ansporn durch ein Erfolgserlebnis zum richtigen Zeitpunkt. Als wesentliche Schutzfaktoren, die signifikant dabei helfen, Resilienz zu fördern, haben sich – lebenszyklisch in unterschiedlicher Gewichtung – individuelle und familiäre beziehungsweise soziale Schutzfaktoren herausgestellt. Zu den individuellen zählen Eigenheiten im Temperament und in der Persönlichkeit wie auch die eigenen Denkmuster: der Glaube an die eigene Wirksamkeit, eine machbare Vorstellung von der Zukunft und die Überzeugung, dass

Initiative sich lohnt. Zu den familiären und sozialen Schutzfaktoren gehören die verlässliche emotionale Bindung an zumindest eine Person, die als Mentor oder Vorbild dient und eine Gruppenkultur, die bestimmte Werte aufweist und fördert.[56]

Doch auch mehrere solcher Schutzfaktoren können keine Garantie auf Resilienz abgeben. Resilienz lässt sich nicht einfach erzeugen und dann ein für alle Mal in Besitz nehmen. Resilienz ist ein Prozess, der seine Zeit dauern kann und nie abgeschlossen ist. Es gibt keine Abkürzungen auf dem individuellen Weg. Vermeintliche Umwege, Aufenthalte, Sackgassen sind unverzichtbare Bestandteile des Prozesses. Oft genug ist dieser verbunden mit Tränen, Wut oder Verzweiflung. Immer wieder kann es uns passieren, dass wir ausgerechnet an unseren vermeintlichen Stärken scheitern. Gerade die, die lange ein hohes Tempo und eine große Belastung aushalten können, macht das Gefühl, immer noch schneller leben und noch mehr leisten zu müssen, krank. Die Hektik des Alltags putscht sie auf und lässt sie perfekt funktionieren, verstellt ihnen aber den Blick für das Wesentliche, für sie selbst und die wichtigen Dinge des Lebens. Es gibt eine Baustelle, an der es sich immer wieder zu arbeiten lohnt: an der Überwindung Ihrer eigenen Angst vor Veränderung.[57]

Die Erkenntnis, dass es höchste Zeit ist, etwas zu ändern, ist ein erster Schritt. Aber womit anfangen? Senken Sie Ihre Belastungsgrenze. Wer sehr belastbar ist, wird immer weiter belastet, bis er schließlich zusammenbricht. Erlauben Sie sich, schwach zu sein. Statt anderen einfach zu helfen, verlagern Sie Ihre Aufmerksamkeit und Ihre Gestaltungskraft vom direkten Eingreifen auf Handlungsweisen, die geeignet sind, andere stark zu machen. Wenn nicht gerade Gefahr im Verzug ist, springen Sie nicht immer sofort in die Bresche, um alles selber zu machen und zu regeln. Befähigen und ermutigen Sie andere lieber, sich auf Dauer selbst zu helfen, zu stärken oder zu entlasten. Solche Stärkungsmaßnahmen lassen eine Hebelwirkung entstehen, bei der Sie eine Menge dazu beitragen können, Probleme zu entschärfen, leichter zu machen oder zu eliminieren, ohne sich zu verausgaben.

Auch vermeintlich schwache oder oberflächliche Menschen haben ihre Momente, wo sie das genau passende Wort sagen oder genau das Notwendige (Not wendende) tun, das jemand anderem den Anstoß gibt sich aufzurichten. Und so haben vermeintlich starke Menschen ihre Momente, wo ihnen das eben nicht gelingt, wo sie ihre Grenzen spüren, wo ihnen einfach nichts Brauchbares einfällt, das sie sagen oder tun könnten. Gerade starke Menschen unterliegen aber nicht selten einem Anspruch auf Vollkommenheit. Am liebsten wollen sie Probleme, Kummer und Leid aus der Welt schaffen und Erfolge, Lebensfreude und Glück festhalten. Doch es gibt nicht Glück *oder* Leid, immer ist beides da. Großes Leid und tiefer Kummer lassen sich nicht überwinden, indem Sie stattdessen das Glück herbeizaubern, sondern indem Sie *auch wieder* Glück sehen. Dann machen Sie die Erfahrung größerer Tiefe, die Sie reifer und gelassener und authentischer werden lässt. Diese Tiefe erlaubt Ihnen, Ihre Stärke zu bewahren, indem Sie auch Schwäche zulassen, und lässt Sie nicht vergessen, dass Sie Momente oder Zeiten der Schwäche brauchen, um Ihre Stärke nicht zu verlieren.

Anmerkungen

1 Gruhl, M. (2008)
2 Kast, V. (2004)
3 Mahlmann, R. (2008)
4 Geisler, A. (2008)
5 Frankl, V. in Hadinger, B. (2006)
6 Zitiert nach: Naundorf, K. Warum kann ich nicht Nein sagen? Healthy Living: Gruner & Jahr
7 Nuber, U. (2000)
8 Carver, C. und Scheier, M. in Nuber, U. (2004)
9 Original: »Winners never quit and quitters never win«, ebda.
10 de Shazer, S. (2010)
11 Daams, A. in Nuber, U. (2004)
12 Dieses Phänomen wurde bereits 1908 von den amerikanischen Psychologen R. Yerkes und J. Dodson entdeckt und mit der sog. Yerkes-Dodson-Kurve veranschaulicht, die wie ein umgedrehtes U aussieht. Mai, J. (2008)
13 Benyoetz, E. (2010)
14 Ferstl, E. in URL: https://www.zeitzuleben.de/983-der-mag-mich-nicht/ (Stand 06.03.2011)
15 Ruhwandl, D. (2009)
16 Psychologie heute 02/2010 (Oasen des Wohlfühlens)
17 Cziksentmihalyi, M. (2010)
18 Metzger, J. (2010)
19 Foucault, M. in Ernst, H. (2003)
20 Roth, G. (1998)
21 Benyoetz, E. (2010)
22 Juul, J. (2008)
23 Das belegt der Psychologe M. Lieberman von der Universität Kalifornien mit seinen Untersuchungen in Dilk, A., und Littger, H. (2009)
24 URL: http://de.wikipedia.org/wiki/Trost (Stand 06.03.2011)
25 Psychologie heute 04/99
26 Dinkel-Sieber, S. in Welter-Enderlin, R. (2006)
27 Emmons, R. in Nuber, U. (2003), Dankbarkeit
28 Patsch, I.: Mut zum Andersdenken. Vortrag in der Wagnerschen, Innsbruck zitiert nach: Schnydrig, E. (1977) URL: http://www.logotherapie-wien.at/LESENSWERT/Andersdenken.pdf (Stand 06.03.2011)
29 Benyoetz, E. (2010)

30 Nuber, U. (2010)
31 Nuber, U. (2004)
32 Nuber, U. (2010)
33 Schwartz, B. (2006)
34 Ende, M. (1973)
35 Nuber, U. (2003)
36 Mai, J. (2008)
37 stern 11/2010
38 Ebda.
39 Jochims, I. (1999)
40 Brandstätter, V. (2000)
41 Kast, V. in Nuber, U. (2000)
42 Lange, L., ebda.
43 Covey, S. (2000)
44 stern 11/2010
45 Psychologie heute 02/2010 (Oasen des Wohlfühlens)
46 Das belegt unter anderem eine Studie über siamesische Zwillinge von Professor J. David Smith. Ernst, H. (2003)
47 Möbius, J. (2006)
48 Hugoth, M.: Das katholische Profil – nur eine Formel oder Programm? Chancen und Möglichkeiten der Profilgewinnung in multikulturellen Lebenswelten. Vortrag am 15. Mai 2008 in Frankfurt am Main
   URL: http://www.kita.bistumlimburg.de (Stand 06.03.2011)
49 Strauch, P. (2008)
50 Polivy, J. und Herman, P. in Nuber, U. (2003)
51 Prochaska, J., ebda.
52 Kast, V., in: Plötzlich war alles anders. Frau Im Leben 09/07: Bayard Media
53 Döhlemann, M. in Nuber, U. (2004)
54 Carver, C. und Scheier, M. in Nuber, U. (2004)
55 Orth, S. (2007)
56 Mahlmann, R. (2008)
57 Hille, W. (2006)

Literatur

Benyoetz, E. (2010) Fraglicht. Aphorismen 1977–2007. Wien: Braumüller

Brandstätter, V. (2000) Das Festhalten an fragwürdigen Zielen beeinträchtigt unser Wohlbefinden. Interview. Psychologie heute 09/00: Beltz

Covey, S. (2001⁴) Der Weg zum Wesentlichen. Frankfurt & New York: Campus

Cziksentmihalyi, M. (2010⁷) Das Flow-Erlebnis. Stuttgart: Klett-Cotta

de Shazer, S. (2010⁹) Wege der erfolgreichen Kurzzeittherapie. Stuttgart: Klett-Cotta

Dilk, A. und Littger, H. (2009) Wege aus dem Stimmungstief. managerSeminare 03/09: managerSeminare Verlags GmbH

Ende, M. (1973) Momo. Stuttgart: Thienemann

Ernst, H. (2003) Ganz bei sich sein. Warum wir so dringend Alleinzeit brauchen. Psychologie heute 09/03: Beltz

Frankl, V. (1998) … trotzdem Ja zum Leben sagen. München: dtv

Geisler, A. und Gibbs, M. (2008) Wie die Seele das Herz krank macht. stern 46/08: Gruner & Jahr

Gruhl, M. (2008) Die Strategie der Stehauf-Menschen. Freiburg im Breisgau: Herder

Hille, W. (2006) Komm zu dir. Bewusster leben 07/06: Hille Medien

Jochims, I. (1999) Das unerwünschte Gefühl. MultiMind 5/99: Junfermann

Juul, J. (2008⁶) Was Familien trägt. München: Kösel

Kast, V. (2004) Die Kunst, sich dem Strom des Lebens zu überlassen. Psychologie heute 08/04: Beltz

Kerber, B. (2003²) Die Arbeitsfalle. Regensburg: Metropolitan Walhalla

Mahlmann, R. (2008) Resilienz – Ein Thema für Helfer? Freie Psychotherapie 02/08: Verbandszeitschrift

Mai, J. (2008) Die Karriere-Bibel. München: dtv

Metzger, J. (2010) Sie müssen brennen! Wie leidenschaftlich können wir leben? Psychologie heute 02/10: Beltz

Mäulen, B. Aushalten um jeden Preis? Vor- und Nachteile einer erhöhten Resilienz bei Helfern. URL: http://www.aerztegesundheit.de/stress4.htm (Stand 06.03.2011)

Möbius, J. (2006) Die Heilkraft des Mitgefühls. bewusster leben 07/06: Hille Medien

Nuber, U. (2000) Loslassen heißt: intensiver leben. Psychologie heute 09/00: Beltz

Nuber, U. (2003) So kann es nicht weitergehen! Psychologie heute 02/03: Beltz

Nuber, U. (2003) Dankbarkeit. Der Schlüssel zur Zufriedenheit. Psychologie heute 11/03: Beltz

Nuber, U. (2004) Die Kunst, »richtig« zu scheitern. Psychologie heute 01/04: Beltz

Nuber, U. (2010) Ja oder nein oder weder noch? Psychologie heute 02/10: Beltz

Orth, S. und Pletter, M. (2007) Plötzlich war alles anders. Frau im Leben 9/07: Bayard Media

Roth, G. (1998) Leben ist Bewegung. Fünf radikale Wege zur Selbstbefreiung. München: Heyne

Ruhwandl, D. (2009) Burn-out: Am Rande des Nervenzusammenbruchs. Psychologie heute 05/09: Beltz

Schnydrig, E. (1977) So gute Augen für Zachäus, Frankfurt: Knecht

Schuchardt, E. (2009) Lebenskrisen – Lebenschancen. Vortrag anlässlich des Kongresses: »Perspektive Leben – Verantwortung und Eigen-Sinn« vom 27. Juni 2008 in Odenwald-Institut

Schwartz, B. (2006) Anleitung zur Unzufriedenheit. Berlin: Econ

Strauch, P. (2008) Wer bin ich, wenn mich keiner sieht. Witten: Brockhaus

Stutz, P. (2009[6]) Verwundet bin ich und aufgehoben. München: Kösel

Stutz, P. (2009) Mein Leben kreist um dich. München: Kösel

Welter-Enderlin R. und Hildenbrand, B. (Hrsg). (2006) Resilienz – gedeihen trotz widriger Umstände. Heidelberg: Carl Auer

Informationen

zu Angeboten des Resilienz-Zentrums erhalten Sie unter:

Adresse: Resilienz-Zentrum
           Hegerstraße 27/28, 49074 Osnabrück
Web: www.resilienzzentrum.de
E-Mail: info@resilienzzentrum.de

zu Seminaren und Coaching von Monika Gruhl erhalten Sie unter:

Web: www.monikagruhl.de
E-Mail :   kontakt@monikagruhl.de
           mg@resilienzzentrum.de